이쁘지도 않은 것이

현대수필가100인선 · 57

이쁘지도 않은 것이

반숙자 수필선

좋은수필사

■ 책머리에

　수필은 누구나 부담 없이 읽고, 마음만 먹으면 직접 쓸 수도 있는 가장 친근한 문학이다. 다른 영역의 문학이 영상매체에 밀려 신음하고 있는 중에도 수필 인구만은 날로 증가하여 바야흐로 수필 전성시대를 구가하고 있는 이유도 거기에 있을 것이다.
　시대적 추세에 힘입어 수많은 수필전문지, 수필동인지가 창간되고, 이에 비례하여 신진 수필가도 날로 늘어나다 보니 이제는 그 많은 작가, 그 많은 작품 중에서 문학성 높은 작품을 가려 읽는 일이 쉽지 않게 되었다. 이런 현상은 작가에게나 독자에게나 결코 바람직한 일이 아니다. 더 나아가서는 수필을 연구하는 후세들에게도 큰 부담이 될 것이다.
　이런 문제를 해결하는 데는 출판인도 마땅히 한몫을 감당해야 한다는 평소의 소신에 따라, 본사가 기꺼이 그 역할을 맡기로 했다. 그 첫 번째 사업으로 시대를 대표할 만한 수필가 100인을 선정하고, 작가가 자선한 40편 내외의 작품을 수록한 문고본을 발간하여 이를 널리 보급함으로써 그 소임을 다하고자 한다.
　본사는 사명감을 가지고 이 사업을 추진해 나가기로 했다. 작가 선정을 전담할 편집위원회를 구성하고 전권을 위임하여 일체의 사적인 정실이나 청탁을 배제함으로써 전문성과 공정성을 확보해 나갈 것이다.

  따라서 이 기획물 속에는 작가의 문학정신뿐만 아니라, 본사의 문학사적 기여 의지와 편집위원 제위의 수필문학에 대한 애정과 문인으로서의 양심이 함께 담겨 있음을 자부한다. 다만, 작가를 선정하는 기준에는 많은 견해의 차이가 있을 수 있고, 선정 과정에서도 미처 챙기지 못한 부분이 있을 것이라는 사실만은 인정하지 않을 수 없다. 이 점에 대해서는 관계자 여러분의 양해 있으시기 바란다.

  이 시리즈의 발간 순서는 작가, 또는 본사의 사정에 의한 것일 뿐 그밖의 어떤 기준도 적용하지 않았음을 밝힌다.

  본 기획물이 시대를 초월한 많은 수필 애호가들의 관심과 애정 속에 우리나라 수필문학 발전에 한 이정표가 되기를 바랄 뿐이다.

2009년 9월

《좋은수필》 발행인 서 정 환
현대수필가 100인선 간행 편집위원 박 재 식 최 병 호
정 진 권 강 호 형
변 해 명

| 차례 | 현대수필가100인선 · 57

1_부

루노 이야기 • 12
산다무키 • 17
그대 뒷모습 • 21
꽃의 체온 • 24
나무 가슴 • 29
백야 그리고 내 사랑 • 35
빛나지 않는 빛 • 40
사람 가운데서 • 45
사막을 찾아 • 51
서로가 서로를 비춘다 • 56

2_부

야스나야 폴랴나의 풀 무덤 • 60
열쇠 없는 집 • 64
외롭게 한 죄 • 69
이슬의 집 • 73
이중섭 거리와 무영로無影路 • 77
문 앞에서 • 82
타박네로 간다 • 86
해토머리 • 90
고도孤島에서 • 95
그리운 목소리 • 100

3_부

마음을 찍는 사진사 • 106
쑥 뜯는 날의 행복 • 111
아사餓死 감방과 노벨문학상 • 115
내밀한 통로 • 119
다시 고요 • 123
당신의 봄 • 128
마로니에 • 132
묵시默示의 새벽 • 136
아르바뜨 거리의 촛불 • 140
시골편지 • 144

4_부

우는 여자 * 150
유리방의 고독孤獨 * 154
바라보기 * 157
이쁘지도 않은 것이 * 160
탁발 * 163
고독한 날갯짓 * 167
사과꽃 필 때 * 172
포옹 * 176
바람이 켜는 노래 * 181
뿌리의 봄 * 186

1부

루노 이야기
산다무키
그대 뒷모습
꽃의 체온
나무 가슴
백야 그리고 내 사랑
빛나지 않는 빛
사람 가운데서
사막을 찾아
서로가 서로를 비춘다

루노 이야기

 작가원作家苑 뜰 아래채에는 토종닭과 오리, 멍멍이가 산다. 방목하지 않고 기르는 가축들은 주인의 손길에 길들여져 사람이 들여다보아도 놀라지 않는다. 그곳 한켠 독방에서 혼자 살고 있는 토끼는 화려한 밍크이불에 누워 호사를 하고 있다. 채광이 좋고 흙벽과 철망으로 특별하게 지은 축사는 주인의 관심사를 대변해 주는 것 같다.
 그날은 우리 문인들이 원로 소설가 J선생이 운영하는 작가원에서 월례회를 하는 날이었다. 만 오천여 평의 임야에 온갖 나무를 심고 풀꽃을 가꾸며 글을 쓰시는 J선생 내외는 서울에서 교직생활을 접고 이곳으로 내려와서 작가들을 위해 창작실을 마련하여 뜻있는 일을 하고 있다.
 토끼는 태어난 지 얼마 되지 않는 듯 조그맣다. 잿빛 털에 등

줄기로 누런 털이 점점 찍힌 것이 일반 토끼와는 다르나 가만히 엎드려 있는 것이 공연히 안쓰럽다. 이왕에 기르려면 자웅을 구해 기르지 산중에서 혼자라서 적적하겠다. 나는 왜 작고 힘없는 생명 앞에서 흔들리는가. 이것도 병이라면 병일 것이다.

그때 누군가 철망에 매달려 있는 표찰을 가리켰다. 표찰에는

동물 종류 : 노루 / 원산지 : 한국 / 생년월일 : 2002년 6월 / 출생지 : 충북 음성 한벌리 / 이름 : 루노 / 성질 : 온순

이렇게 적혀 있다. 그제서야 호사를 하고 있는 동물이 토끼가 아니고 노루라는 것을 알았다. 재미있는 것은 노루라는 단어를 뒤집어 "루노"라고 이름을 지어준 J 선생의 소설가다운 재치다.

며칠 전 밭에서 혼자 있는 루노를 보았다고 한다. 새끼를 낳고 어미가 어디로 갔는지 보이지 않고 날은 저물어 갔다. 아직 걸음도 서툰 어린것을 산에 두었다가 무슨 변을 당할지 몰라서 안고 왔으나 당장 젖이 걱정이었다. 부랴부랴 젖병을 사오고 우유를 덥혀 끌어안고 먹이면서 그날부터 사모님이 루노 엄마 노릇을 했다는 것이다.

루노가 나를 바라본다. 모든 어린것들의 눈이 그렇듯 그지없이 순해 보인다. 더 오래 보고 있으면 '엄마한테 데려다 줘.' 하

며 그렁하게 눈물이 고일 것 같아 먼 산마루로 고개를 돌렸다.

노루는 초목이 우거져서 숨을 곳이 많은 10월경까지는 산중턱 아래에서 살고 겨울이 되면 점차 높은 곳으로 올라간다. 그러다가 눈이 쌓이면 먹이 때문에 다시 낮은 곳으로 내려온다. 4월이면 암컷은 새끼를 낳기 위하여 높은 산으로 올라가서 5월 단오를 전후하여 새끼를 낳는다. 필경 루노 엄마도 지난 단오쯤 루노를 낳았을 것이다. 새끼를 낳고 무슨 변괴를 당한 것인지, 아니면 어디 물먹으러 간 사이에 일어난 일인지 알 길 없으나 새끼 때문에 애간장이 타고 있을 것이다.

새끼는 태어난 지 한 시간 후면 걸어다닐 수 있고 2, 3일이 지나면 사람이 뛰는 힘으로는 도저히 따를 수 없다. 루노의 경우는 태어난 후 2, 3시간 만에 어미와 헤어지게 된 것이 아니었을까 짐작해 본다.

아까부터 줄곧 저를 바라보고 있는 늙수그레한 여자가 해코지를 할 것 같지 않았는지 엎드려 있던 몸을 세운다. 그러고 보니 꽁지는 시늉만 있고 다리가 껑충하다. 앞다리보다 뒷다리가 더 길어 보인다. 저 다리로 산비얄도 비호같이 오를 것이다.

다시 루노를 바라본다. 어디서 무슨 소리가 들리는가 타원형 귀가 방싯이 선다. 어떤 시인은 루노가 자라면 정성껏 돌보아 준 J선생 내외 뒤를 따라 다니며 양부모 곁에 계속 살지도 모른다고 한다. 그러나 나는 루노를 생존의 위협이 있는 산으로 돌려보내는 것이 사랑일까, 안전하게 돌보아주며 함께 사는 것이 사랑일까 헷갈리고 있다. 계속 길들일 경우 루노는 천성인 야성을 포기하느라 죽음에 버금가는 진통을 치를지도 모른다. 아니면 적응해서 애완용으로 자라준다면 그때는 이미 노루가 아닐 것이다.

칡잎을 놓아주었으나 입에 대지 않고 또 가만히 쳐다본다. 마음 같아서는 루노를 품에 안고 저 산날망으로 달려가고 싶다.

위 글을 써서 《부싯돌》에 발표를 하고 두 철이 지났다. 며칠 전 J선생을 만났는데 또 루노의 안부를 물었다. 어떤 날은 사모님 안부는 빼놓고 루노 안부만 묻다가 스스로 미안해하기도 했다.

J선생은 씩씩한 경상도 사투리로 "이제쿠마 산으로 보내삐립심더." 하는 것이 아닌가. 나는 내심 안도의 기쁨을 감추며 그간의 이야기를 들었다.

여름 동안은 탈 없이 풀도 잘 먹고 무럭무럭 자랐다. 푸르렀던 산 빛이 해쓱해지고 산으로부터 불어오는 바람결이 스산해지자 루노는 산을 바라보고 앞발로 철망을 긁어대며 이상한 몸짓을 하기 시작했다. 마치 산에서 누가 손짓이라도 하는 듯 풀도 먹지 않고 안절부절못했다. 그대로 두었다가는 안 될 것 같았다.

길들일 수 없는 야성이 안타까워 어느 날 문을 열어주자 쏜

살같이 뒷산으로 내달렸다는 것이다. 이야기를 마친 J선생의 얼굴에 후련해 뵈는 미소가 퍼졌다. 우리가 그것을 모르고 살 뿐이지 사람이거나 동물이거나 간에 저 있을 자리에 있다는 것은 특별한 축복이 아닐까 싶다.

산다무키

 토우 인형을 선물받았다. 되는 대로 주물러 만든 것 같은 살결 거친 인형이지만 흙빛이라 그런지 바라보고 있으면 마음이 따스해지고 편안해진다. 요즘은 외출을 피하고 토우와 지내는 시간이 많다. 그런 날 저녁은 집안이 정리되어 있고 후회거리가 생기지 않으며 저녁 반찬이 맛깔스럽다.
 어제는 서울에서 아이들이 다녀갔다. 풀 냄새 나는 들마루에서 고기를 구워주자 "아! 행복하다"고 했다. 다 커서 가정을 꾸리고 사는 아이들이 모처럼 엄마가 차려주는 밥을 먹으며 좋아하니까 나도 기분이 좋아서 "니네들이 행복하다니 나는 더 행복해." 그 바람에 식탁에는 웃음꽃이 가득하였다
 인형을 보는 기쁨도 그와 비슷하나. 한 여인이 눈을 내려뜨고 미소를 짓고 있다. 그 미소는 사내 앞에서 색기를 드러내는

요염한 미소가 아니고 근원을 알 수 없는 곳으로부터 솟아나오는 맑은 미소다. 귀골스런 백자나 청자 인형이 못 된 주제에 사람의 마음을 사로잡는 미소의 근원은 무엇일까.

온종일 숙제를 풀 듯이 살펴보다가 저녁때서야 해답을 찾았다. 자모상! 미소에 마음을 빼앗겨 보고도 보지 못한 품에 안긴 아기 모습, 그러면 그렇지, 자식을 품에 안고 젖을 물린 어미의 심정을 아는 이만 알리라. 여인은 유선을 통하여 아기에게로 흘러가는 모정으로 저토록 흐뭇한 표정일 것이다.

저고리 섶 밑으로 드러낸 유두를 조각가는 에로틱하게 표현했는데도 야한 느낌이 들지 않는 것은 모자상이기 때문일까. 오히려 넘쳐흐르는 기운이 강인한 어머니 상을 느끼게 한다. 도자기에서 중요한 것은 형태이다. 그것은 하나의 이미지로 작가는 자애로운 어머니의 상 그 안에 씩씩하고 당찬 어머니의 모습을 기억하고 표현한 것 같다.

내가 산다무키라는 여인을 만난 것은 미얀마에서다. 양곤의 만달레이 힐에는 많은 불상이 모셔져 있는데 부처상이 아닌 그 여인상 앞에서 발길을 멈춘 데는 이유가 있다. 앞 동굴의 부처님을 향해 두 손으로 선물을 바쳐 올리고 있는 여인.

먼 옛날 그곳에 부처님이 오셨다. 왕으로부터 고관대작, 서민에 이르기까지 향과 등불, 차, 꽃, 등 공양물을 가지고 예배를 드리려 구름같이 모여들었다. 그러나 산다무키는 드릴 것이 없었다. 무엇인가 드리고 싶은 마음은 간절하나 몸을 팔아 살아가는 기녀의 처지로 막막하기 이를 데 없었다. 생각다 못한 여인은 자신의 유방을 베어 두 손에 받쳐 들고 나갔다.

부처님은 산다무키의 공양을 어떤 심정으로 받으셨을까, 육신은 순결하지 못한 기녀였으나 정신은 순결하고 부처님을 향한 흠숭은 누구보다도 간절하였을 것이다.

나는 지금까지 공양을 식사를 하는 것으로 알았으나 그보다 더 깊은 의미가 있다. 부처님이나 스님들께 공양을 하는 것은 면죄되고 복을 받기 위함이기보다는 마음을 돌려 참회하고 진실한 참회를 불전에 고하는 의미라고 한다. 공양이란 보시와 깊은 연관이 있다. 보시는 자비를 베푼다는 뜻이다.

물질적으로 가난한 사람에게는 재시財施를, 마음이 풍요롭지 못한 이에게는 법시法施를, 두려움에 차있는 사람에게는 무외시無畏施를 베푸는 것이 참된 공양이라 한다. 그러나 어떤 대가를 바랄 때는 참다운 보시가 아니다. 성경에도 오른손이 하는 일을 왼손이 모르게 하는 것이 진정한 사랑이라 했다. 무상보시, 부모가 자식에게 자신을 내어주는 그런 마음, 상대적인 것이 아니라 절대적인 것이 참다운 보시요 공양이 아닌지. 하느님을 위하여 목숨을 바친 사람들을 순교자로 숭앙하는 것은 단 하나밖에 없는 목숨을 기꺼이 공양했기 때문일 것이다. 서로 밥이 되어주라고 하신 김수환 추기경님의 말씀도 그런 맥락이 아닐까 싶다.

산다무키가 바라보고 있는 부처님 전에는 꽃병이 즐비하다.

먹을 것도 풍족하지 않은 나라에서 가는 곳마다 불상과 탑 앞에 꽃을 바치는 불심을 본다. 종교거나 예술이거나 순수한 것일 때 아름답다.

기녀 산다무키를 보고 내려오는 길에서 깊은 상념에 빠졌던 것은 돌아다본 내 삶의 내용이 부실했기 때문이다. 헐고 남루한 이 영혼 정갈하게 씻어 바칠 님은 어디에 숨어 계신지, 신께 자기를 바친 여인의 순절이 가슴에 연꽃으로 피어나던 하루였다.

이 목숨 마치는 날 한 생이 조용한 공양이라면 이승의 잘못을 용서받고 태어나지도 죽지도 않는다는 空의 바다에 이를 수 있을까.

그대 뒷모습

서녘 하늘에 별이 돋는다. 마음이 잔잔해야 보이는 초저녁 별, 실눈을 뜨고 별 속에 아는 얼굴이 있나 찾아본다.

지난겨울에는 눈이 자주 많이 내렸다. 눈이 내릴 때마다 우리나라 문화계의 큰 별들이 떨어졌다. 미당 선생이 떠나시고 얼마 후, 온종일 눈이 내리던 날 정채봉 선생이 눈 나라로 가셨다. 이어 운보 선생도 떠나셨다. 그 뒤로는 겨우내 하늘이 낮게 내려앉으면 또 누가 떠나실라 겁이 났다.

정채봉 선생이 떠나시고 때때로 맑은 눈 해맑은 미소가 그리워져 요즘 《그대 뒷모습》을 다시 읽는다. 살아계실 때는 자주 만나거나 특별한 사이가 아니었다. 가톨릭 문우회에서 가끔 뵈었고 오래 전에 원고를 가시고 샘터사에 간 날, 본래 과묵하신지 선생은 환한 웃음으로 바라만 보고 나는 찻물만 젓고 있었다. 이윽고 건너다본 커다란 눈, 그 웃음 뒤에 끝 모를 서러움이 배어나는 것 같아서 가슴이 서늘했다. 어찌 보면 늘 배고픈 아이 같고 또 달리는 지구에 내려온 어린 왕자 같던 사람.

선생의 글을 처음 대한 것은 현대문학지에 연재했던 《초승달과 밤》다. 성장소설이라 하고 성인동화라고도 한 글은 신선한 표현과 등장인물들의 착함에 다음 호가 기다려질 정도로 흡인력이 있었다. 그 후로는 선생의 작품집을 구하는 대로 읽으면서 감동적인 글 뒤에 감동적인 삶이 있었다는 것을 알았다.

나는 오늘 저녁을 농막에서 보내며 별들을 만나려고 한다. 선생께서는 별이 되셨는지도 모르니까. 왜냐하면 해질녘을 좋아하는 스님을 찾아갔다가 찬물이나 한 바가지 떠 마시라는 말씀에 찬물을 받쳐 든 바가지에 별 하나가 돋았더라나. 그래서 천천히 버들잎인 양 별을 불면서 물을 마셨다는 것이다. 별을 불면서 물을 마시는 사람이 세상에 또 있을까. 그 뒤로 간혹 마음이 허할 때면 가슴에 별 하나가 떠오른다는 것이다.

선생께서 민방위 야간 훈련을 나간 날, "불을 끄시오, 불을 끄시오." 외치고 다니다 보니 순식간에 하늘의 별들이 또록또록해졌다. 그때 "별님들도 불을 끄시오." 하고서 혼자 웃었다는 분, 하늘 마음이 아니고는 볼 수도 느낄 수도 없는 글을 읽으며 내가 선생을 두고 어린왕자를 생각하는 연유가 이런 데 있는 것이 아닌가 싶다.

짧은 만남이지만 글에서 만난 사람과 현실에서 만난 사람이 한결같은 느낌을 주어서 더 인상 깊었던 것 같다. 만남 뒤에는 행복했고 용기가 솟았으며 여운이 오래 갔다.

사람들이 자신의 뒷모습을 볼 수 없기에 신이 타인이라는 거울을 우리에게 주고 서로 비춰보며 좋게 살라 하신지도 모른다.

선생의 글 속에 자신을 두고 "비겁자, 나태한, 이중성, 가련한."이라고 표현한 구절이 나온다. 이러한 쓰라린 어둔 밤을 거쳐 하늘 마음을 찾은 것은 아닐지. 누가 나에게 당신의 뒷모습은 어떠하냐고 묻는다면 가만히 고개를 숙일 것이다. 그러나 아름다운 뒷모습은 아름다운 앞모습이 만들어낸다는 것에 희망을 걸고 기죽지는 않을 것이다.

이쪽의 죽음 순간은 저쪽에 막 태어나는 순간이라고 한 신생은 하얀 세상에 다시 태어나 그토록 그리워한 엄마랑 함께 오늘 밤 내가 보는 별을 바라보고 계실지도 모를 일.

하늘 마음으로 동화를 쓰고 동화 속으로 사라져간 뒷모습의 향기에 젖어 캄캄한 세상을 향해 나도 "별님들도 불을 켜세요." 하고 웃어본다.

꽃의 체온

인사동에는 '볼가'라는 찻집이 있다. 클래식 음악이 흐르는 실내에 들어서면 창가에 풀꽃들이 길손을 반겨준다. 예쁜 꽃들을 보는 것만으로는 부족해서 살며시 꽃잎을 만져본다. 그리고 순간적으로 꺾고 싶다고 느낀다.

사람들은 왜 아름다운 것을 보면 소유욕이 발동하는 것일까, 꽃 앞에서 해보는 생각이지만 내가 꽃잎을 만져보는 더 큰 이유는 생화인가 조화인가 알아보기 위해서다.

조화의 예술이 발달하여 시각만으로는 분별이 어렵다. 조화는 꽃의 빛깔이며 모양이 완벽하게 아름다운 반면에 손끝에 닿는 촉감이 까실하고 생명성이 없다. 그러나 생화는 촉촉하고 부드러워 숨소리가 손끝에 짚이는 것 같고 향내가 아스라이 다가온다. 그것은 살아있는 것에서만 느낄 수 있는 유일의 교감이다. 나는 그것을 일러 꽃의 체온이라 한다.

집에서 꽃을 길러보면 실감이 난다. 아침저녁 눈인사를 나누며 기르는 꽃이 생기차고 말을 걸어오는 것을 느낄 수 있다. 농작물이 주인의 발소리를 듣고 자란다는 것도 맞는 말이다. 시골에서 농사를 지으며 느끼는 것은 우주의 별들이 서로 교신하듯 살아있는 모든 것은 서로 교감한다는 사실이다. 나는 요즘 수정산을 오르며 우연찮게 꽃 한 송이에 반해서 회춘하고 있다.

소나무 숲길에서 엉겅퀴 꽃을 보았다. 봄도 저물어 노곤한 계절, 산길에 핀 꽃은 응달이라 그런지 빈약한 꽃대에 꽃도 한 송이뿐이다. 엉겅퀴가 산중에 핀 것도 이상하고 솔갈비가 폭신한 길가에 피어 무사한 것도 신기하다. 꽃을 처음 본 날 무릎을 꿇고 꽃술에 입술을 댔다. 순간 저절로 감기는 눈, 어떤 은밀하고도 부드러운 느낌이 전신을 휩쌌다.

어저께는 오르막길을 오를 때부터 가슴이 두근거렸다. 밤새워 쓴 연서를 가슴에 품고 그가 그 자리에서 기다리고 있을까 조바심치는 소녀마냥 달려갔다. 누가 꺾어가지 않았을까, 누군가의 발길에 채이지 않았을까, 아니면 새벽마다 소나무 가지 위에서 재주를 부리는 오소리가 직접거리지 않았을까, 온갖 걱정을 하면서다.

그러다가 저만치 어제 그 자태로 있는 꽃을 보는 순간 힌시름 덜어내며 또 다가앉는다. 누군가 이 꽃을 보고 세상에서 못

느끼는 기쁨을 누리고 지나갔을 사람에게 감사하고 누군가 나처럼 때묻은 입술일망정 애정을 다해 친구親口했을 사람에게 동류의 사랑을 느끼는 것이다.

초록치마 보라색 저고리 한 벌로도 비할 데 없이 요조한 꽃 한 송이, 조용해서 좋다. 가만히 제자리에 있어도 우주를 가슴에 품은 저 깊은 사유의 샘. 말없이도 최상의 생명을 노래한다.

나는 이 새벽, 흑인 농화학자 카버를 생각한다. 그는 한송이 꽃에 깃든 신의 세계를 실험과 연구를 통하여 보여주었다. 그는 미국의 남북전쟁 직전에 태어나 노예의 후손이라는 약점을 극복하고 '검은 레오나르도'라는 별명까지 얻은 인물이다.

그는 어릴 때부터 혼자서 숲을 돌아다니며 병든 식물들을 보살피고 치료하였다. 사람들이 어떻게 식물들을 치료하느냐고 물으면 그는 "모든 꽃들과 숲속의 수많은 생물들이 제게 말을 걸어와요. 그래서 나는 그들을 바라보면서 사랑하는 것만으로 그런 것을 배우게 돼요."라고 대답했다. 아무것도 하지 않고 바라보고 사랑하는 것만으로도 병이 치유되는 식물과 사람의 교감이 놀라워 엉겅퀴 꽃 앞에서 나도 잠시 카버의 마음이 되는 것이다.

카버는 다른 사람들이 아직 잠자리에 있을 때 자연으로부터 최고의 가르침을 받는다. 동트기 직전의 어둠 속에서 신이 그가 할 일을 가르쳐주기 때문에 자연은 가장 훌륭한 스승이라고 말했다. 그래서 독일의 시인 헬더린은 시인은 이 세상에서 가장 무죄한 사람, 흔들리는 꽃 한 송이에서도 신의 음성을 듣는다고 했던가.

사람에게도 체온이 있다. 꽃잎의 촉감이 촉촉하고 부드러워야 살아있는 꽃이듯 사람도 삶의 무늬가 아롱져 있고 명암이 있어야 생명감이 느껴진다. 도인에게서 느끼는 완벽함은 경외심은 들지언정 조화처럼 거리감이 있다. 때로는 꽃잎이 찢겨 비에 젖더라도 생명성은 강렬하게 전달되고 그가 세상에 있어야 할 명분은 뚜렷해진다.

한때는 우아하고 기품 있는 정원의 꽃이 좋았다. 기왕이면 모두 우러러보고 아름답다 찬사를 들려주는 여왕 같은 인생이 부러웠다. 그러나 창살에 석양이 묻어나는 이즈음에는 그런 인생도 아름답지만 저답게 살아가는, 제 운명에 충실한 야생초 같은 삶에 마음이 간다.

이웃에 풀꽃만을 찍는 사진작가가 있다. 그에게서 꽃에도 처녀성이 있다는 이야기를 들었다. 꽃도 피어나는 순간이라야 순결한 미감이 찍힌다. 일단 수정이 되고 나면 같은 꽃이지만 싱싱함이 다르다는 것이다. 풀꽃이 좋아서 혼자 산과 들을 누비며 사진을 찍다 보니 이제는 의도하지 않고 무심히 지나치다 셔터를 누른 꽃들이 예쁘게 찍히는 것을 알았다고 한다.

예쁘지 않는 여인이 없는 시대, 우리는 지금 능력만 있으면 누구나 성형으로 미인이 될 수 있는 미의 만능시대에 살고 있다. 그러다 보니 오프라 윈프리 같은 개성 있고 내면이 향기로운 여인에게 열광하는 것은 아닌지.

　외형만 비슷해지는 것이 아니라 생각과 행동도 비슷해지는 우리의 삶을 보면서 있는 그대로의 모습, 야생초 같은 원형질의 사람을 만나고 싶고 그런 글을 쓰고 싶은 것은 나 혼자만의 욕심일까 생각해 본다.

나무 가슴

 제 살 속에 상처를 품어 진주를 키우는 조개의 아픔을 아는가.

 한 뼘 남짓한 나무토막을 바라본다. 어느 냇둑에서 한 세월 보내다가 임종한 은사시나무, 그 숨결 더듬으며 눈을 맞춘다.

 목각을 처음 시작한 날, 나무토막 앞에서 나도 나무토막이 되었다. 표정 없는 나무토막에서 무엇을 캐내야 하는지, 어디를 어떻게 파야 하는지 오리무중이었다. 칼이라고는 연필 깎는 칼과 도마에 무나 파를 썰던 경험뿐, 예리한 칼끝에 시선을 피하며 창밖 하늘을 바라보았다.

 내색을 알아차린 조각 선생이 칠판에 글을 써나갔다. 나도 할 수 있다는 자신감을 갖자. 끈질기게 일생 동안 취미로 할 사람만 시작하자. 나무와 대화하며 나무의 성질을 알자.

나무토막을 세워 본다. 안정감 있게 서 있어야 평생 불편하지 않다고 한다. 이 나무토막에서 사람의 얼굴이 태어날 것이다. 앞뒤 어느 쪽이 얼굴이 될까 점쳐 두고 얼굴 쪽의 수피에 일자 칼을 대고 망치로 두드렸다. 나무에도 비늘이 있어 그토록 싱싱했을까, 고등색의 비늘이 벗겨지며 살이 드러났다. 나무의 체취가 코끝을 스쳤다. 석양 비낀 하늘에 노란 손수건처럼 펄럭이던 용서의 기별이 전해오는 것 같다.

은밀히 간직한 동정의 속살을 범해 얼굴의 윤곽선을 그었다. 선 밖의 여백에 둥근 칼을 대고 때리고 파니, 살이 깎이며 형태가 나타나는데 잠시의 방심도 잡담도 허락하지 않는다. 틈을 주면 칼이 빗나가서 손을 다쳤다. 빨리 하려고 서두르거나 마음이 소요스러우면 망치질도 엉뚱한 곳을 때려 멍이 든다. 칼끝에 정성을 모으고 여유로운 몸짓으로 망치질을 해야 한다. 나무토막에 새로이 형태를 입히는 것이 아니라 원래 있던 형태를 드러내는 작업이라 했다.

처음에는 그 말의 뜻이 풀리지 않았다. 나무토막 속에 무슨 형상이 들어 있다는 게 말이 되기나 하는 것인지, 조금씩 작업을 해가며 마음으로 보고 붙이는 것이 아니라 덜어내는 것으로 받아들였다.

다음에는 눈, 코, 입, 귀를 그려놓고 파들어 가는데 장님이 밤길 나선 기분이었다. 큰칼은 두고 작은칼로 오밀조밀 파야 한다. 코가 우뚝 서자면 팔자 주름이 있는 곳을 파주어야 한다.

지그시 감은 눈을 만들려면 눈두덩을 둥그렇게 굴려주고 눈썹 달 같은 선을 넣어야 한다. 그러나 아는 것과 파는 것은 별개였다. 입술 선에 힘을 조금 넣었더니 화난 인상이 되어 버렸다.

그러기를 일 년여가 된다. 일주일에 한번 하는 것이라 작품은 석 점뿐이지만 저마다 다른 표정으로 서 있는 것을 보면 특별한 기쁨이 솟는다. 다섯 사람이 만든 얼굴이 각각 다르고 어딘가 만든 이의 얼굴 모습과 비슷하게 되는 것도 이상하다. 작품 속에 자기의 혼을 불어 넣는다는 말은, 내밀한 일치를 이루기 때문일 것이다.

얼굴 하나가 탄생하기까지 수천 번의 칼자국을 입어야 하고 수천 번의 망치질을 맞아야 한다. 아프다고 망치질을 사양하면 그것은 땔감으로밖에 쓰지 못할 나무토막으로 버려지고 말지만, 새로운 생명으로 환생을 위해서는 찢기고 터지고 피 흘리며, 작은 것은 작게 큰 것은 크게 절망해야 하는 것이다. 절망이라는 말이 나왔으니 선생께 미안하다. 나이배기 제자는 굼떠 진척이 없다. 보다 못한 선생이 그럴 듯하게 만들어 주면 내 것 같지가 않아서 내키지 않고, 그렇다고 내버려 두면 버려진 자식 같다고 떼를 쓴다. 자기하고 싸움이라는 말은 여기서도 금언金言이다.

이번에 하는 작품은 가부좌를 틀고 앉아 좌선하는 부처님의 형상이다. 귀한 후박나무를 구해서 작업하기가 좋다. 이깨선이 둥글게 펴져 양팔로 흘러내리고 두 손은 자연스럽게 마주잡았다. 목이 잘록해 답답하게 느껴진다. 한량없이 들여다보다가 집으로 가지고 왔다. 저녁을 먹고 또 들여다보고 있으려니 식구들이 한 마디씩 보탠다.

부처님 모습은 찍어도 안 붙이고 목이 짧은 전 어느 대통령을 닮았다고 한다. 이런 낭패가 있나. 부처님은 어디로 가고 엉뚱한 얼굴이 나왔는가. 나는 조각칼을 놓고 쳐다보지도 않았다. 대엿새가 지난 다음 다시 얼굴 앞에 앉았다. 어렴풋이 지피는 생각이 있다. 부처님을 새기려면 내 마음 안에 부처님을 모셔야 하는데 세상 잡동사니로 틈이 없으니 생뚱한 얼굴이 나올 밖에….

선생은 목을 키우기 위해서 머리밑을 깎아냈다. 한결 시원해졌다. 작은 조각칼로 이목구비를 다듬은 후 사포로 문질렀다. 문지르는 일도 쉽지가 않다. 특히 윤곽을 내는 선의 경우 자칫하면 인상이 바뀐다. 사포로 다듬고 보니 후박나무의 나뭇결이 자연스럽게 배어 있어 또 다른 분위기를 준다. 나무마다 본성이 있어 그것을 거스르지 않는 것이 첫째로 배운 점이다. 소나무는 나무가 단단한데 은사시나무는 살이 무르다. 조금만 망치질이 세어도 턱없이 파인다. 어떤 것은 내리 깎아야 하고 어떤 것은 치깎아야 잘 나간다.

치목장에서 일하는 목수들은 나무의 친구들이라는 이야기를 들었다. 그곳에서는 베어진 나무도 생명을 잃은 것이 아니라 그들의 습관대로 생명을 지키고 있어 단순한 재목이 아닌 생명으로 다룬다 한다. 그래서 켠 나무들도 그냥 쌓아 놓는 것이 아니라 살았을 때 그 나무가 살았던 방향으로 뉘어 놓는다. 집을 지을 때도 기둥을 세우려면 서 있던 모습으로 세워야지 거꾸로 하면 뒤틀려 집을 기울어뜨린다는 이야기다.

  나는 목수는 아니지만 가끔 나무토막을 끌어안고 그 가슴에 얼굴을 대볼 때가 있다. 청청한 나무로 서있을 때의 싱그러움을 만나고 싶어서, 기다란 팔을 펴서 온갖 새들 쉬게 한 품을 만나고 싶어서다. 내 모든 이야기를 들어주고 비밀을 굳게 지켜 줄 것도 같아서다. 나무 같은 친구가 있으면 좋겠다. 나도 누구에겐가 나무 같은 친구였으면 참말 좋겠다. 자작나무를 심을 때는 한 그루만 심어서는 잘 자라지 않는다고 한다. 네댓 그루를 한데 어울리게 해서 심어주면 서로 이야기를 해가며 공동체를 이루고 자라난다니, 내가 좋은 친구를 갖고 싶어하는 것도 그런 연유일 것이다.

  먼젓번 얼굴을 조각할 때 마지막에 촛불을 켜놓고 그을음에 끄슬렸다. 단단하게 하기 위한 것이라 했다. 나무토막의 팔자가 세다는 생각이 들었다. 정신없이 두드려 맞고 수없이 파여서 이제는 화형에 이르니 이름 없는 나무토막으로 발에 채는 일이 낫지 않겠느냐 물어도 보았다. 그러나 나무토막은 입을 앙다물고 순교자처럼 피를 흘리고 나더니 잿빛 예수님으로 부활하여 나를 내려다보고 있다.

나라는 나무토막은 어디로부터 왔는가. 이 나무토막으로 무엇을 만드시려고 60여 년간 두드려 패시는가. 저마다 다른 표정으로 내려다보고 있는 얼굴들 앞에서 오늘도 물어보는 말씀이다.

백야 그리고 내 사랑

　바다가 보이는 프리발찌니스키야 호텔이다. 자정이 가까운 시각, 창밖은 아직도 어렴풋하게 밝다. 이 박명 현상을 일러 백야라 하던가. 비행기로 한 시간 반 날아온 페테르부르크는 모스크바와 달리 백야가 뚜렷했다.
　정신적으로 방황하던 30대 초반 우연히 도스토예프스키의 〈백치〉를 읽고 바보스러울 만치 천진스러운 주인공 미슈킨 공작의 입을 빌어 아름다움이 세상을 구한다는 말에 깊이 매료되었다. 그 후 단편 〈백야〉를 접하고 내가 소설의 주인공 나스젠까라고 착각을 해서 아름다운 공상가를 흠모했고 하얀 밤에 다시 찾아온 연인에게로 돌아가는 나스젠카를 얼마나 부러워했던가. 그때부디 자작나무 숲과 백야의 신비가 가슴속에서 사라고 있었다.

이제 이순을 넘긴 여인이 꿈에 그리던 모스크바에 발을 딛는 순간 광활한 땅에 어디가 끝인지도 모르게 펼쳐진 자작나무숲은 잠자는 감관을 흔들어 깨웠다. 누가 일부러 나무의 몸에 흰 페인트칠을 하고 심심해서 칼자국을 낸 것 같은 나무들은 한창 윤기 나는 5월의 잎새와 어우러져서 참으로 신선했다.

나는 감탄 속에 거대한 러시아 문학을 떠올렸다. 어째서 작가들마다 자작나무숲을 작품에 깔았을까. 거침없이 뻗어 올라간 자작나무숲이 이 땅의 문학과 예술에 깊은 영향을 미쳤을 것이라는 생각이 들었다. 또한 10월이면 겨울이 시작되어 이듬해 4월까지 적막에 쌓이는 북구의 우수와 자연이 그곳 사람들의 예술적 기질을 심화시켰을 것이라는 생각이 들었다.

첫 밤을 지새웠다. 잠을 자려고 불을 끄고 누웠는데 밖이 환해서 도무지 잠이 오지 않았다. 다시 일어나 창문을 열어 보았다. 저만치서 바다가 철썩이고 사람들이 거닐고 있었다. 잠자기를 포기하고 밤바다를 향해 호텔 광장을 가로질러 나갔다.

바닷가에는 젊은이들이 사랑을 속삭이고 휘파람을 불었다. 개를 데리고 산책을 나온 사람도 있고 캔 맥주를 마시며 노래하는 사람들도 있다. 얼굴의 표정은 보이지 않고 동작만이 보이는 이상한 밤, 나에게도 젊음이 있다면 누군가와 뜨거운 사랑을 나누고 싶다는 괴이쩍은 생각까지 들었다. 백야 탓이리라. 끝없이 풀어지는 감성의 실타래와 객리의 유정도 한몫 거들었다. 바다에서 돌아다본 호텔은 객실이 1천2백 개나 되는 거대한 덩치에 방마다 불이 환했다. 어느 길손이 나처럼 백야에 취해서 잠 못 들고 있는지도 모른다.

사실 이 페테르부르크는 내가 사랑하는 도스토예프스키가 무지무지 사랑한 도시다. 그의 작품 〈백야〉의 무대도 페테르부르크의 폰단카이고 〈이중인격〉도 페테르부르크의 서사시라는 부제가 붙을 정도다. 어쩌면 이 밤 내가 거니는 바닷가도 지금으로부터 150여 년 전에 지구상에 혼자 남은 것 같은 외로움에 그가 거닐었을지도 모르지 않는가.

젊은 시절을 온통 사로잡은 《카라마조프의 형제들》과 《백치》《죄와 벌》을 쓴 작가 도스토예프스키, 나는 그를 만난다는 한 가지만으로도 이번 여행을 축복이라 여겼다.

그가 살던 집은 예스러운 건물들이 서 있는 거리의 모퉁이에 있었다. 정원도 한 평 없는 이층집, 지금은 입장료를 받는 개인 박물관으로 사용되고 있다. 어린 시절의 가족사진, 유배지의 모습과 그가 쓰던 자그마한 침대와 책상과 식탁 그리고 가장자리에 보푸라기가 인 성서를 보면서 그의 숨결을 느꼈다. 더구나 그 성서는 유서가 깊다. 그가 사회주의를 연구하는 서클에 가담한 죄로 니콜라이 1세 정부에 의해 체포되고 사형 직전 감형되어 시베리아로 유형을 갈 때, 가지고 갈 수 있었던 유일한 물건이었다. 성서는 낡을 대로 낡아 있으나, 그것이 그에게 사상의 대전환을 이루고 불후의 명작을 남기게 한 위대한 책이다.

여기에 오기 전에 알렉산더 네프스키 대 수도원에서 잠들고 있는 그의 묘에 가 보았다. 대리석 조상 위에는 십자가가 있어 인상 깊었다. 왜냐하면 그는 초기에는 신을 부정했지만 8년간의 시베리아 유형에서 돌아온 뒤에는 종교에 의해서만 러시아와 세계는 구제될 수 있다는 신념을 가졌다.

내가 그의 문학에 경도되는 이유는 인간은 고통에 의해서만 정화되고 향상된다는 사상이 그의 삶에서 육화되었고, 또한 그의 문학이 가난하고 학대받는 인간들에 대한 강렬한 애정과 깊은 연민으로부터 출발한 데 공감해서다.

혹자는 그를 도박을 즐기고 비열하기까지 한 인물이라고 하기도 하지만 인간이 완벽하면 신이지 인간이 아니다. 부족한 자신을 알고 개선해 나가려는 의지가 그의 작중인물들에게서 인간심리의 복잡한 다면성과 무한한 모순성 속에서 느껴질 때, 또 다른 우리의 모습을 보는 것 같은 유대감을 느끼며 희망을 걸어보게 한다.

"하느님, 방종하기 짝이 없는 인간이지만 제발 저를 당신 곁으로 가게 해 주십시오. 심판 없이 그냥 통과시켜 주십시오…. 저 자신이 죄를 신고했으니까요… 당신이 저를 지옥에 보내신대도 여전히 당신을 사랑할 것입니다. 그러니 끝까지 사랑하게 해 주십시오." 카라마조프의 형제들에서 미쨔가 외치는 소리다.

그의 60년 생애, 마지막 대작 《카라마조프의 형제들》을 집

필했던 집에서 그의 일생과 문학을 더듬고 돌아서려는 찰라 나도 모르게 가슴 밑바닥으로부터 치밀어 오르는 뜨거운 감격에 잠시 숨이 멎었다. 그 신비한 충격이 무엇인지 지금도 모른다. 다만 내 흠모의 열정이 깊어 그의 넋과 잠시 만났던 것이 아닐까 짐작해 볼 따름이다.

빛나지 않는 빛

거실 벽에 액자가 걸려 있다. 유명한 예술가의 작품은 아니지만 나는 이 작품에 어떤 예술 작품 못지않은 의미를 둔다. 우리 집에 오시는 손님들이 액자에 있는 글의 의미가 무엇이냐고 물을 때가 있다. 아마도 글의 뜻이 매우 깊고 오묘해서 쉽게 이해하지를 못하기 때문인 것 같다.

액자에는 하얀 여백에 眞光 不燿(진광불휘) 라는 글씨가 두 줄 종으로 쓰여 있고 줄을 바꿔 賀 上梓 (몸으로 우는 사과나무 상재를 축하하며)라는 글씨가 역시 두 줄로 있다. 다음은 여백을 넉넉히 두고 대나무를 그렸고 아래는 1986년 처서절이라 쓰여 있다. 처음과 끝 부분에 낙관을 찍었다.

15년 전의 이야기다. 첫 수필집을 출간하고 분에 넘치는 격려를 받았다. 특히 출판을 맡아주신 출판사 사장님의 뜨거운 관심과 격려는 수필가로 살아가는 동안 잊지 못할 것이다. 그도 그럴 것이 철없는 아이모양 부끄러운 줄도 모르고 살아온 이야기를 썼다. 썼다기보다는 가슴에 차고 넘쳐서 어쩔 줄 모르다가 수필이라는 분화구를 만나 용암처럼 뿜어 올렸다는 말이 맞을 것이다.

쑥스럽기도 하고 자신이 대견스럽기도 했다. 지금도 그렇지만 노래를 잘하나. 솜씨가 좋은가, 맘씨 맵시가 좋아 사람들에게 귀염을 받는가, 건강도 좋지 않아 주눅이 들어 살아왔다. 더구나 시골에서 농사를 짓다가 서울로 올라간 처지라 나의 촌스러움은 수필가로서 어색한 모습이었을 것이다.

가끔씩 세미나나 모임에 참석해 보면 수필 문단의 여러 선생님을 뵙는다는 기쁨 뒤에는 자신이 위축되어 후회가 따랐다. 그런 나에게 고졸한 그림과 글씨로 축하를 보내주신 분이 계시니 원로이신 Y선생이시다. 그 황감한 선물을 받고 한동안은 아무에게도 말하지 않고 비밀한 기쁨을 혼자 누렸다.

서울에서 시골로 이사를 올 때는 보물 상자를 안고 오는 마음으로 왔다. 아파트 벽에 액자를 걸었다.

어느 날이었다. 도장을 받아야 할 우편물을 가지고 온 우편집배원이 현관에 선 채로 벽을 뚫어져라 보고 있는 거였다. 영문을 몰라서 섰으려니 "진,광,불,휘, 차암 좋네요." 혼잣말처럼 중얼거리며 돌아갔다.

우체부가 돌아가고 나서 그 뜻을 다시 생각해 보았다. 뜻을 풀이하면 '참된 빛은 찬란하지 않다.'로 되겠는데, 빛이 빛나지 않으면 생명이 없는 거나 다름없지 않는가, 그렇다면 선생은 무슨 뜻으로 나에게 이런 글귀를 손수 써 주셨을까. 그 뒤로는 액자 앞에 서면 그냥 기쁘기만 한 것이 아니고 기뻤다 부끄러웠다 뒤범벅이 되어갔다.

겨울을 빼고는 농장에서 많은 시간을 보내면서 피부로 느끼는 것이 있었다. 봄이 되면 사과꽃이 핀다. 여름이면 콩꽃이 피고 고추나 옥수수, 벼꽃도 핀다. 그런데 이런 꽃일수록 작고 미미하고 볼품이 없는 거였다.

뜰에는 칸나, 접시꽃, 모란꽃이 여왕인 양 피어나 마음을 사로잡는데 과일이나 곡식을 맺는 꽃들은 보잘것없고 피는 듯 져버리는 것이다. 그러나 가을이 오면 여름내 성숙시킨 열매들로 존재를 드러낸다. 어찌 꽃들뿐인가.

사람들 세상도 그 범주를 벗어나지 않는 것 같다. 신춘문예에 당선된 이십대의 젊은이가 매스컴의 각광을 받으며 화려하게 등단을 하나, 얼마 가지 않아 소리 없이 사라지는 경우가 더러 있다는 이야기를 들었다. 그러나 한평생을 바쳐 문학의 외길을 걸어 후세에 빛날 작품을 남기는 분들도 있다.

그동안 나는 액자 앞에 수백 번 섰다. 대나무의 곧음과 맑고 단아한 글씨, 글귀에서 풍기는 깊은 의미를 수없이 짚어 보았다. 특히 누가 알아주기를 바라는 마음이 생길 때, 내가 한없이 작고 초라해 보일 때 이 글 앞에서면 선생의 격려의 말씀이 들리기도 한다. 어떤 날은 따가운 채찍으로 나의 허영을 나무라주고 어떤 날은 기다림과 정진이라는 묵언을 주기도 했다.

지난여름 괴산 화양동 골짜기에서 불꽃놀이를 보았다. 청소년수련원에 연수를 온 젊은이들을 위한 행사인 듯했다. 개울가에서 화포를 쏘아 올리는 모양이었다. 하늘로 치솟는 화포가 어느 순간 공중에서 탁 타다 하며 터지면서 무수한 불꽃을 방사했다. 캄캄한 시골의 밤하늘을 수놓는 불꽃은 처연하도록 찬란했다. 모두가 환호하며 불꽃을 바라보았다. 그것은 찰나였다. 온 세상을 밝힐 듯 환해졌다가 금세 재로 사라지는 향연, 향연 뒤의 어두움은 더욱 깊었다.

그날 밤, 숙소로 돌아오며 올려다본 하늘에는 찬란한 불꽃놀이에 가려 보이지 않던 별빛이 영롱했다. 빛나되 눈부시지 않는 빛, 태초부터 비춰왔을 그런 빛을 진광眞光이라 하는가. 그럼에도 나는 한순간일망정 불꽃처럼 타올라 소진되고 싶다는 생각을 하니 어리석음은 언제나 끝나려는지.

휘황하고 찬란할수록 섬광처럼 사라지는 이승의 불꽃놀이에 현혹되어 억만 광년을 빛나고 있는 별빛을 잃어가고 있는 것은 아닌지. 진광은 찬란하지 않아도 어둠이 깊을수록 영롱해지지 않던가. 평생을 조용히 문사로 살아오신 선생의 삶이야말로 우리에게 영원한 빛의 존재이시다. 선생께서는 내 얄팍한 근기를 아시고 불꽃놀이의 허망함을 알려주신 것일지도 모를 일이다.

 진광불휘의 뜻은 이즈음 또 다른 뜻으로 채근한다. 20년 수필을 써왔지만 아직도 완벽한 글을 쓰지 못하는 나에게 정말 좋은 글은 번드레한 것이 아니라 소박한 것이라는 말씀을 하고 계신 것 같다.

 재산 목록 1호, 나의 영원한 스승이시다.

사람 가운데서
- 수필로 쓴 나의 수필론 -

내가 동양화를 좋아하는 것은 넉넉한 여백 안에 사람이 있어서다. 자연이 아름다워도 거기 사람이 없으면 무슨 의미가 있는가. 내 글쓰기의 중심에도 사람이 있다.

"수필 속에는 분석되지 않은 내가 있고 네가 있고 또한 우리가 있다. 그러므로 나는 철저하게 나면 되는 것이다." 어디선가 이 글을 읽었을 때 공감했다.

거울을 통해서 외양을 다듬듯이 수필은 내면을 성찰하고 바로 세우며 삶과 글이 하나로 엮어지는 인간학이라는 점에 매료되었다. 좋은 수필을 쓰는 것이 목표가 아니라 좋은 삶을 살고 싶은 염원이 컸다. 수필은 다만 그 길을 가도록 도와주는 인도자라고 볼 때, 구도의 문학이라고 하는 것도 같은 맥락에서 나온 것이 아닐까 싶다. 살아가면서 어떤 일에 심기가 불편하거나 누군가에게 미움이 있으면 글을 쓰지 못할 때가 많았다.

고심하는 것은 인간의 한계다. 나는 나이면 되는데 그 이상을 요구하느라 수필쓰기가 어려워진다. 처음 수필을 썼을 때는 자신을 향한 우물파기였다. 들여다볼수록 흙탕물인 내면의 물을 퍼내고 새 물이 고일 때까지 오랜 기다림이 필요했다. 물을 푼다는 것은 일종의 옷벗기 작업으로 심층에는 자기 연민과 자기애가 있었다. 세상에서 나를 이해하고 사랑하고 돌보아줄 사람은 바로 나 자신이라는 것, 바로 나를 위해서 글을 썼고 세상과 소통하기 위하여 선택한 것이 바로 독백문학인 수필이다.

이것이 출발이다. 십여 년을 쓰고 나니 이웃들의 삶이 눈에 들어왔다. 바로 나에서 너에게로 건너가는 전환점이었다. 나에 대한 연민이 주변으로 이동하고 자주 가슴앓이를 했다. 마음이 가닿는 곳에 그늘지고 아파하는 사람들이 있다는 것을 그때 비로소 알았다.

글을 쓰려면 그 글을 쓰게 하는 동인이 있다. 동인이 강할수록 단단한 글이 되었다. 다시 말하면 정서적 충동이나 경이로움의 계기다. 어떤 대상에게서 충동을 받으면, 아니 마음에 큰 물살이 지면 그것을 글로 형상화하고 싶은 갈망이 생긴다. 갈망이 크면 클수록 글쓰기에 좋다. 그때 대상과의 밀애가 시작된다. 많은 사람들이 그 충동에서 한 발짝 물러났다가 충동이 여과되면 글로 쓰라고 권하나 그 순간 써두지 않으면 못 배긴다. 생생한 현장감은 그때 얻어지는 것 같다. 다만 감정개입이 나타날 수 있고 덜 절여져 생경하기는 할지라도 의식의 심층에서 곧바로 쏟아져 나오는 지하수라고 여겨지기 때문이다. 이렇게 쓴 글은 발표를 서두를 필요가 없다. 일단 써두었다가 조금씩 퇴고를 한다.

소재의 선택과 함께 주제가 잡히는 경우가 많다. 소재의 자기화 과정을 중요하게 생각한다. 소재는 애정이 가는 곳에 있는 것 같다. 사랑이 많은 사람이 좋은 글을 쓴다는 말도 그래서 나왔는지 모르나, 내 경우 정서적 교감이나 정의 어우러짐 속에서 글감을 발견하는 일이 많다. 꽃 이야기를 쓰거나 여행이야기를 써도 돌아오는 곳은 사람이었다. 사람이 나의 수필쓰기의 가장 중심에 있다는 것을 재확인하는 사례다. 발견한 글감에 뼈를 세우고 살을 붙이고 옷을 입혀야 하는데 이때 문체에서나 내용에서나 독특한 개성이 나타난다. 바로 사유의 결과다. 문학에 있어 개성의 중요성은 자기만의 그 무엇이다.

소재가 선택되면 다음으로 제목을 먼저 잡는다. 제목을 잡지 못하면 글을 쓰지 못하는 버릇이 있다. 제목은 글이 다른 데로 빠지지 않게 해 주는 역할을 한다. 다만 제목은 쓰고자 하는 글감 속에서 쉽게 잡고 다 쓴 다음에 고치기도 한다. 이때 이미 마무리 글이 준비되는 경우가 많다. 외미화 부분이다.

서두는 현재의 느낌에서 출발한다. 내 수필이 귀납적 구성이 많은 것은 이런 이유에서다. 쓰고자 하는 이야기로 곧바로 들어간다. 시가 심안에서 출발해 육안으로 나온다면 수필은 육안을 거쳐 심안, 뇌안, 영안으로 심화될 때 좋은 글이 써진다고 하나 쉬운 일인가. 다만 내 그릇에 충실할 따름이다. 글은 그 사람의 그릇만큼 쓸 수 있다고 생각한다. 그래서 그릇을 키우는 일이 늘 고민이다. 심성의 그릇, 정서의 그릇, 지식의 그릇, 열정의 그릇을 키우는 것이 선행되어야 할 과제인데 욕심을 부린다고 되는 것이 아니니, 분수에 맞는 소재를 선택해서 나만큼의 글을 쓰자고 다짐한다.

퇴고가 어렵다. 어떤 사람은 수백 번까지 퇴고를 한다는데 열 번쯤 읽고 세 번쯤 복사해서 고치고 나면 내 글에 내가 질려버려 더 뒤죽박죽이 될 때가 있다. 끈기가 부족한 탓이나 고쳐보려 해도 잘 되지 않는다. 문장에 자신이 없는 것이 바로 퇴고의 부족에서 오는 것이다.

버릇 중에 하나가 글을 시작하면서 스스로에게 물어보는 물음이 있다. 나는 왜 이 글을 쓰는가, 스스로에게 정직한가, 읽는 이들에게 무엇을 주고자 하는가.

그동안 글을 쓰면서 메모를 많이 했다. 손바닥에 들어오는 메모장을 가방에 넣고 다니면서 수시로 사용한다. 다음에는 작가노트가 있다. 소재가 될 만한 것들을 적어두는 것이다. 여기에는 감성의 치기가 있고 비밀이 있고 사건이 있다. 또 한 가지는 창작교실에서 강의를 하면서 혼자 보기에는 아까운 자료들을 적어 놓은 강의 노트가 있다.

수필을 쓰는 것은 가을에 석류가 익어 저절로 터지는 그런 과정이 글로 생성되고 숙성되고 완성되는, 바로 글감이 내 안에 고여 와서 흘러넘치는 자연스러움을 말하는 것이 아닐까 싶다.

나의 어휘연마에 대하여

원고 청탁서에 특별히 주문한 어휘연마에 대하여는 특별한 것이 없다. 작가들이 글을 쓸 때 15매 글에 1,500개가 넘는 단어를 구사하는 사람이 있고 600개의 단어를 사용하는 사람도 있다. 어휘를 많이 안다는 것은 그만큼 좋은 문장을 쓸 확률이 높다 하겠지만 어떻게 사용하느냐가 더 중요하다. 그 문장에 맞는 정확한 어휘를 선택하는 것이 선행되어야 한다.

내 경우에는 특별한 신경을 쓰지 않고 처음 떠오르는 어휘를 쓴다. 감각적인 문장을 쓰는 작가들이 부럽지만 따라가기에 요원하니, 알고 있는 편안한 어휘로 쓴다.

하루에 한 단어를 익히자는 결심을 한 때도 있었다. 메모 노트에 단어를 적고 읽어 보는 것, 그것만 열심히 해도 일 년이면 단어 365개를 확보하는 것이니 쉽게 볼 일은 아니다. 거실이나 자주 머무는 공간에 작은 국어사전을 놓아두고 짬이 날 때마다 보는 것도 좋고 가방에 넣고 다니며 누구를 기다린다거나 무료할 때 눈에 들어오는 단어를 익혀두는 것도 좋은 방법이다. 여기서 강조하고 싶은 것은 한꺼번에 다 하려고 하지 말고 조금씩이라도 꾸준히 하는 것이 좋은 결과를 가져온다.

무엇보다 중요한 것은 독서의 결과가 아닐까 한다. 독서를 많이 한 사람들의 어휘능력이 뛰어난 것은 글에서 충분히 느낄 수가 있다. 책을 읽으면서 좋은 어휘나 문장에 밑줄을 긋는 버릇이 있다. 때로는 옮겨 써보기도 하지만 계속하지 못하고 창작생활에서 70%는 책을 읽는 데 쓰고 30%는 창작에 쓰려고 노력하는데 잘 되지 않는다.

이로써 나의 수필쓰기 고백이 마무리 단계에 이르렀다. 처음에 나로 출발한 글이 너로 옮겨가고 이제는 우리라는 사회공동체, 인류공동체의 관심사로 경계를 넘어가고자 하는 것이 나의 과제다.

나는 지금까지 수필을 쓰면서 많이 행복했다. 쓰는 과정이야 힘들지만 쓰고 나서 오는 충만감은 삶의 동력이 되기에 충분했다. 사람보다 더 아름다운 존재가 없고 사람만큼 신비스러운 존재도 없다. 비록 사람으로 인해 상처를 받을지라도 사람을 떠나서는 나의 존재이유가 없다고 생각한다. 또한 사람으로 태어나 살고 있다는 현존감만큼 나를 즐겁게 하고 의미 있게 하는 게 없지 싶다. 매사에 욕심을 접는다. 하루하루의 삶 속에서 후회하는 일을 줄여가며 부족한 대로 삶과 글이 하나이기를 소망한다.

사막을 찾아

 모래벌판을 달리고 있다. 보이는 것이라고는 황폐뿐인 땅을 예닐곱 시간 달리다 보면, 나를 들여다보나 지친 끝에 낯선 사람에게라도 말을 걸어보고 싶은 목마름을 느낀다. 이 사막은 캘리포니아 주 남부 시에라네바다 산맥 남쪽에서 콜로라도 하곡으로 뻗어 있는 모하비 사막이다. 하루를 달려 도시를 만나 쉬고 또 하루 달려 숲을 만났다.

 역사가 숨 쉬는 도시나 문화예술이 꽃피는 유럽을 마다하고 사막을 통과하는 여행지를 택한 데는 이유가 있다. 잃어버린 나를 찾기 위해서다. 더 깊이 들어가면 고독하고 싶었다. 철저하게 혼자 하는 내적 여행을 통하여 비대해진 생활의 누더기를 벗고 다성에 젖은 의식을 깨우려 했다.

 10여 년 전에도 이 사막을 통과한 일이 있다. 그때는 로스앤

젤레스를 출발하여 샌프란시스코에 닿는 여정이었고 문인들과 동행이어서 편했다. 이번에는 지난번과는 반대의 여정이며 계절도 여름이 아닌 늦가을이다. 또한 동행들도 모르는 사람들로 미니버스에 운명을 실었다. 진정한 여행은 혼자 떠날 때 의미가 깊다고 하던가. 낯선 곳에서 낯선 사람들과 낯선 시간을 보내는 것, 또한 새롭지 않은 자신을 낯설게 바라볼 수 있는 것은 여행에서만이 누릴 수 있는 명징하게 살아나는 의식의 체험이다.

셋째 날은 요세미티 야성의 품에서 쉬었다. 그리고 다시 떠난 길, 광활한 벌판은 훈련되지 않은 야수처럼 위험과 안식을 동시에 제공했다. 처음에는 들떴던 사람들이 광야에 흡수되었는지 조용히 창밖을 바라보고 있다. 사람이 어떤 목적 없이 말하지 않고 지내기는 어렵다고 하는데 사막을 건너는 사람들은 지혜를 체감으로 터득하는 모양이다. 잠잠하다. 눈빛이 깊어지고 있다. 가족이 함께 온 사람들도 모든 대화가 끝난 듯 상념에 빠져든다.

거기가 어디쯤인가. 힘들게 달리던 차가 멈춘 곳에는 하루 종일 지지 않을 것처럼 이글거리던 태양이 지평선에 걸렸다. 차에서 내려 흥건하게 물드는 석양을 바라보았다. 숨소리조차 멎은 듯한 사막의 고요가 영혼의 심연으로 스며들었다. 시원을 알 수 없는 거대한 우주 안에 한 마리 미물이 되어 욕망도 회한도 없는 충만한 현존에 전율했다. 우리의 한 생에 이런 순간이 몇 번이나 있을까, 먼 옛날 교부들이 사막을 찾아 수도한 이유도 황폐한 사막만이 줄 수 있는 충일과 안식 때문이 아니었나 싶다. 사막을 영혼의 안식처라고 했지만 나는 지금 온몸으로 아늑한 평화를 느낀다. 이름도 성도 모르는 옆에 사람들과 따뜻한 포옹을 나누고 싶다.

해 저무는 사막에 어른 키만한 가시 옷 선인장이 서있다. 해가 저물면 기온은 급강하한다. 나그네는 길 잃을까 갈 길을 재촉하고 동물들은 하룻밤 쉴 곳을 찾아든다. 그때 선인장은 가시 옷 속에 감추어둔 가슴을 연다. 그 가슴은 깊고 포근해서 산토끼나 전갈 따위 동물들의 안식처가 되어 준다. 사막에도 이런 아름다움이 있을 줄이야. 생명 가진 미물들이 자슈아를 찾아드는 밤, 모래밭에서 하룻밤을 묵고 싶었다. 추운 사막의 밤, 별 이불을 덮고 영혼의 집을 찾아가면 어디로인가 실종된 나 자신을 만날 수 있을지 누가 알랴.

우리는 서로가 자슈아가 되어 콜로라도 강변의 라플린에서 여장을 풀었다. 이제 일행들은 타인이 아니라 가족 같은 유대감이 생겼다. 사막을 건너온 때문임을 안다. 음료수를 나누고 밤 깊도록 호텔 바에서 칵테일을 마시며 삶을 이야기했고 신앙을 고백했으며 문학과 사랑을 이야기했다.

　이런 유대감은 특별한 사건과 만난 뒤에 더 강해진 것 같다. 모래 언덕을 지나 바위산을 넘어 염전을 스쳐가는 곳에서였다. 바로 우리 앞에 승용차가 달리고 있었다. 사람 하나 구경하지 못하는 거대한 사막에서 지나가는 차만 보아도 반가웠다. 그러나 반가움은 잠시, 승용차의 트렁크 밖으로 사람 발이 한 짝 나와 흔들리고 있었다. 닫힌 트렁크에 치인 마르고 힘없는 발은 검지도 희지도 않는 황색 피부, 도무지 알 길 없는 발 하나의 실체가 가슴을 서늘하게 하였다. 누구나 총기를 지닐 수 있는 나라, 수틀리면 총을 쏘고 아무 데나 시체를 버려도 살과 뼈가 이내 풍화되어 먼지로 사라져버리는 사막의 횡포에 두려움이 엄습했다.

　이제 우리는 침묵으로 이야기하는 방법을 알아가고 있다. 있는 그대로의 자신을 바라보기, 인정하기, 그리고 누구도 판단하지 않기를 자신에게 다짐하노라면 시끄럽던 사람의 눈길도 부드러워져 있음을 느낀다. 사막은 이래서 지혜의 샘이라고 하는 것일까. 사람의 생애에도 사막은 있다. 신산한 여정을 거쳐온 이들의 가슴이 넓고 따뜻한 것은 혼자 헤매며 터득한 침묵의 소리를 알고 있기 때문일 것이다.

　이레째 달리는 사막의 복판, 날은 저물고 갈 길은 먼데 가도 가도 어둠뿐이다. 다시는 사람 사는 동네를 못 볼 것 같은 위기의식이 스물다섯 사람 생명의 본능을 떨게 했다. 이 벌판에서

버스가 펑크라도 난다면 우리는 어떻게 될까, 아니 이 사막에서 낮에 본 것 같은 불상사가 생긴다면…. 저절로 두 손이 가슴으로 모아졌다. 사람이 죽음을 앞에 둔 순간보다 더 순수해지는 때가 있을까. 한없이 무능하고 불완전한 나, 그렇게 열심히 살았다고 자부한 일생이 부질없음을, 영원한 것은 오직 한 분뿐임을 절실하게 느끼는 순간 찾아온 신탁神託, 그리고 자유로움, 그것은 죽음도 두렵지 않는 평화였고 그토록 원했던 벌거벗음이었다.

그때 멀리서 참으로 멀리서 불빛 하나가 나타났다.

서로가 서로를 비춘다

 11월의 끝자락, 모처럼 만에 예술의 향기에 젖었다. 전국무용제에서 대상을 수상한 새암 무용단의 앙코르 공연 초대장을 받은 날부터 나는 어린애모양 들떠서 그 공연을 기다렸다.
 〈그 바람의 신화〉는 "현실에 안주하지 않고 막혀 있던 벽을 허물어 새로운 이상향을 맞이하려는 희망의 메시지"라는 박재희 단장님의 인사말이 몸의 언어로 마음 깊은 곳을 사정없이 두드리는 함성이었다.
 그날 돌아오면서 내 가슴에는 모든 예술은 형제이고 서로가 서로를 비춘다는 볼테르의 말이 떠올랐다. 춤과 음악과 문학이 만나고 미술과 의상과 무대장치와 조명이 함께한 종합예술, 서로가 서로를 아낌없이 비추어 하나의 감동으로 이끌어낸 예술의 극치는 아름다웠다.

그 아름다움을 창조하기까지 얼마나 많은 시간을 구상하고 반복연습에 고심하였을까. 날래고 초연한 춤사위가 예사로 보이지 않는 것은 언젠가 인터넷에서 발레리나의 발을 본 때문이리라

그 발은 험상궂기가 이루 말할 수 없을 정도였다. 관절은 튀어나오고 발가락과 발톱은 닳고 닳아 뭉툭해져서 물 찬 제비 같은 춤사위를 연출하는 발레리나와 무관해 보였다. 화려한 박수 뒤에 이런 모진 아픔이 있다는 것을 관중은 알기나 할까.

나는 그날 모여든 관중을 보면서 서로 비추는 것은 예술과 예술뿐만이 아니라 그것을 향유하는 관중의 애정이 모든 예술 행위의 버팀목이라는 생각도 해보았다. 아낌없이 보내는 뜨거운 박수 속에 그간의 노고가 상쇄되고 새로운 힘이 생겨날 것이라 믿어서다.

그런데 앙코르 공연은 예술의 세계에서만 가능하다. 어떤 위대한 삶을 살다간 사람도 앙코르 공연은 없다. 하여 우리가 살아내는 일회성 인생이 가치롭고 의미 있는 것일지도 모른다.

나는 춤이 좋다. 한마디의 대사가 없이도 온몸으로 말하는 춤이 좋다. 한 동작 한 동작 영혼을 담아 격렬하게 때로는 우아하게 발끝에서 머리칼 끝까지 치닫고 뒹굴고 투신하는 춤이 아주 좋다. 손과 머리와 마음이 함께 움직이는 거기에는 생동하는 생명이 있고 자연의 리듬이 있고 우주를 향한 고치인의 교감이 있어서다.

예술에 결론은 없다지만 한 시대 한 생애가 우리에게 주어진 무대라면 항상 깨어 있어 '공연 중'이라는 푯말을 달고 싶다.

2부

야스나야 폴랴나의 풀 무덤

열쇠 없는 집

외롭게 한 죄

이슬의 집

이중섭 거리와 무영로無影路

문 앞에서

타박네로 간다

해토머리

고도孤島에서

그리운 목소리

야스나야 폴랴나의 풀 무덤

 내가 러시아를 좋아하는 이유는 세 가지다. 광활한 대지에 이어지는 자작나무숲과 여름밤을 바래는 백야와 읽을수록 매료되는 작가들의 작품이다. 그 중에도 야스나야 폴랴나를 생각하면 농사꾼 모습으로 풀을 베고 있는 톨스토이가 눈앞에 다가온다. 내가 농사꾼이어서 그런가, 그가 러시아 문학의 거봉임에도 불구하고 농민의 복장을 하고 집에서 만든 장화를 신고 농민들과 함께 밭일을 하는 모습이 가장 친근하게 마음을 차지한다.

 모스크바에서 200킬로미터가 넘는 톨스토이 생가를 방문한 것은 러시아 문학기행의 백미였다. 그가 태어나고 자라고 대작을 창작했던 생가를 보기 위해, 아니 그의 숨결을 생생하게 느끼고 싶어 하늘 길을 날았다. 때는 7월, 끝이 보이지 않는 땅에는 무릇 꽃이 무리지어 피어 다가왔다 멀어져가는 자작나무 숲과 어울려 한 폭의 그림을 보는 듯했다.

지팡이만 꽂아도 싹이 돋는다는 러시아 땅의 노른자위 야스나야 폴랴나로 가는 길에는 변변한 가게나 휴게소가 없다. 드문드문 '다차'가 보인다. 다차는 러시아 사람들의 주말 농장이다. 방갈로와 비슷하고 열 평에서 삼십 평 남짓한 텃밭이 딸려 있다.

톨스토이는 평생에 세 번이나 이 길을 걸어서 모스크바까지 왕복을 했다고 한다. 원체 걷기를 좋아하고 정체를 싫어했던 노작가는 먼 길을 걸으면서 작품을 구상하고 삶을 되돌아보며 자신이 가야할 길, 해야 할 일들을 사색했을 것이다.

이곳을 톨스토이 영지라 부른다. 그는 1828년 8월 28일 여기에서 태어난다. 넓고 비옥한 땅, 부유한 귀족의 자제로 태어나서 두 살 때 어머니를 여의고 고모의 손에서 자란다. 그리고 아홉 살에 아버지마저 여읜 천애고아가 되어 야스나야 폴랴나를 떠난다. 그의 회상에는 어머니를 그리며 이 영지에서 어머니의 발자국을 생각한다고 했다.

젊어서부터 농민들의 생활을 개선시켜 보려고 노력했으나 실패로 끝났다. 그 후 파리와 스위스 등을 여행하고 유럽물질문명에 회의를 느낀 그는 야스나야 폴랴나로 돌아와 자기의 모든 사유재산을 사회에 회사하고 농사에 종사한다. 이때부터 그는 인도주의적 경향이 짙은 작품을 썼다. 또한 작품의 기초가 되는 세계관은 악에 대한 무저항과 선과 사랑에 의한 세계주의였다.

글을 쓰는 사람으로 흠모하는 작가가 있다는 것은 좋은 일이다. 나는 오래 전부터 도스토옙스키 작품에 매료되었다. 인간 심리의 복잡한 다면성과 무한한 모순, 분열들을 그린 《카라마조프의 형제들》이나 《백치》 같은 글은 평생 동안 반복해서 읽어도 좋을 책이다. 그러나 톨스토이를 좋아하는 이유는 이와 좀 다르다. 작품을 떠나서 작가는 존재하지 않는다 해도 작품은 물론이거니와 삶 자체만으로도 톨스토이는 매력적이고 아름다워 존경받기에 충분하다.

그는 나이가 들어감에 따라 농부들과 함께 하기를 좋아했다. 또한 농노에 대한 특별한 애정으로 그들 자녀들을 위하여 영내에 기숙학교를 세우고 젊어서 한때는 직접 가르치기도 했다. 그 기숙학교가 하얀 건물로 남아 있다. 지금은 비어 있으나 오래 전에는 아이들의 웃음소리가 메아리쳤을 것이다.

그 길에 면사포를 쓴 신부와 예복을 입은 신랑이 손을 잡고 웨딩행진을 하고 있다. 뽀얀 얼굴에 솜털도 채 가시지 않은 러시아의 농촌 총각처녀들이다. 러시아 젊은이들에게는 비용이 많이 드는 교회나 예식장보다는 아름다운 야외 기념관이나 공원에서 결혼식을 올리는 것이 최근의 유행이라고 한다. 톨스토이는 180년 뒤 당신의 영지가 인생을 새 출발하는 가난한 젊은이들의 축복의 장이 될 것을 알았을까.

물봉숭아꽃이 뒤덮은 자리에 하얀 목조건물이 아담하다. 영지에 있는 생가라 하여 저택을 상상했던 나는 실망스럽기도 했으나 현관에 들어서면서 실망은 놀라움으로 변해갔다.

  그가 15개국 언어를 구사하였고 80세가 넘어서 일본어를 시작했다는 안내인의 말에 끝없이 탐구하는 작가의 정신에 압도되고 말았다. 또한 하루에도 10여 통이 넘게 세계 각국에서 오는 편지와 저서를 받고 일일이 답신을 보냈다는 이야기에 부끄러워 고개를 들 수가 없다.

  그가 《부활》을 썼다는 방, 그리고 눈 쌓인 새벽에 가출을 감행하던 방 책상에 눈길이 박힌다. 말년에 소로와 인도의 간디 등 인류의 스승들 책을 읽고 그들의 정신적 자유로움에 경도되었다는 노작가, 81세의 겨울, 노구를 이끌고 추운 겨울 집을 떠날 만큼 절박했던 그것이 무엇일까. 단지 자유로움뿐이었을까.

  그 길 끝에서 풀로 덮인 무덤을 보았다. 묘비도 묘석도 없다. 그의 유언대로 높이가 20㎝도 안 되는 토총이 잔디에 묻혀 물소리를 듣고 있다. 여기가 바로 《전쟁과 평화》 "인간에게는 얼마나 많은 땅이 필요한가."라는 작품을 쓴 세계적 문호가 영면하는 자리다. 이 토총 하나만 보았대도 후회 없을 야스나야 폴랴냐, 여기서는 바람도 조용히 분다. 꽃도 치장 없이 핀다. 여기서는 모두 본연의 모습으로 돌아간다. 역사를, 영원을 말하지 않는다. 그저 그분과 함께 침묵할 뿐이다.

열쇠 없는 집

사람이 일생 동안 집을 몇 채나 갖고 사는가를 생각할 때가 있다. 사람에 따라서 많고 적을 수도 있고 평생 동안 단 한 채도 가지지 않는 사람도 있을 것이다. 그런 사람들에게 죄송하게도 우리는 아파트에 살면서 농장에 딸린 농막 한 채를 덤으로 가지고 산다.

아파트에서 승용차로 10여 분 거리에 있는 농막은 산날망에 거미집처럼 붙어 있어 집이랄 것도 없으나 눈비를 피할 수 있고 소박하게 사는 데는 지장이 없다. 또한 지대가 높아서 아담한 읍내가 한눈에 들어오고 공기가 맑아 처음 오는 사람들은 별장 같다고 하나 거미집 같은 별장이 있다는 소리를 들어보지 못했으니 듣기 좋으라고 하는 말일 게다.

봄부터 가을까지는 자질구레한 농사일로 매일이다시피 드

나들지만 수확이 끝나고 새봄이 오기까지 농막은 빈집이다. 예외가 있다면 가끔씩 아파트가 답답하거나 눈이라도 내릴 때면 소풍 삼아 다녀올 때도 있지만 그나마 큰 눈에는 통행이 어렵다.

오래 전에 농막에 밤손님이 든 일이 있다. 손님은 성격이 괄했던 모양이다. 집도 아닌 것 같은 오두막을 철통같이 잠가 놓은 것이 화가 났던지 앞 베란다 유리문을 박살냈다. 그 참혹한 광경을 목격했을 때 다리가 후들거리고 귀한 자식이 폭행당한 것 같은 아픔이 있었다. 그 뒤로는 문을 잠그지 않고 지내는데 가끔 누군가가 다녀가는 눈치다.

어떤 날은 라면을 끓여 먹은 흔적이 있고 어떤 날은 흙발로 마루를 걸어다닌 자국이 어지러울 때도 있다. 손님이 탐낼 만큼 귀한 살림집기는 없어도 주인의 입장에서는 남의 집에 허락도 없이 드나드는 사람이 마뜩찮을 수도 있다.

작년 겨울의 일이다. 동장군이 한바탕 활개를 친 뒤 궁금해서 올라갔다. 누가 또 다녀갔다. 이번 손님은 먼저 다녀간 손님과는 달랐다. 우선 그는 주방에서만 머문 듯 마루는 청소해 놓은 대로 깨끗했고 종이컵에 담배꽁초만 수북했다. 참이슬표 소주 두 병이 비워진 채로 있고 그 밖에 음식을 해먹은 흔적은 없었다. 하긴 음식을 해먹으려 해도 수돗물을 빼놓아 속수무책이었을 것이다. 변한 것이라면 장롱에 걸어두었던 오리털 점퍼와 겨울 코트가 없어졌다.

가끔씩 이런 일을 겪으며 궁금해지는 것이 있다. 누가 오죽하면 이 산골짜기를 찾아들었을까. 마을에서도 동산을 넘어야 올 수 있는 집이고 허술하기가 짝이 없다. 무엇을 구하는 사람이라면 구미가 당기지 않을 정도인데다가 뒷산을 타고 왔다면 이곳의 지리를 전연 모르는 사람의 우발적인 행위라고밖에 이해가 되지 않는 것이다. 그렇다면 일부러 맘먹고 들렀다는 결론에 이르는데 왜, 무엇 때문에, 라는 의문이 꼬리를 물었다.

눈보라치는 겨울밤 그는 황량한 적막을 헤치며 왜 여기로 왔을까. 불 꺼진 집, 사람의 체온이라고는 전혀 없는 집에서 무슨 생각을 했을까. 무엇이 그리도 가슴에 치밀어 담배만 피웠을까, 그러고도 모자라 안주 없는 깡소주를 목구멍으로 넘기며 무엇을 체념하고 무엇을 얻었을까.

수사기관을 피해 다니는 남자? 아니면 4, 5십대 실직 가장? 6, 7십대 남자라면 북풍이 살을 에는 날씨에 예까지 올라올 기력도 패기도 없을 것이다. 그렇다면 자식들 교육비에 휘청거리는 4, 5십대의 "젖은 가랑잎" 같은 남자가 어느 날 지구 밖으로 튕겨져 나가고 싶어 예까지 온 것일까. 쓸데없는 상상을 하다가 나는 싱겁게도 이름도 얼굴도 모르는 그에게 편지 한 통을 쓰기 시작했다.

누추한 집을 찾아오셨군요. 고요한 산천에서 하룻밤 단잠이 들었다면 감사합니다. 제왕이라 할지라도 고대광실에서 잠 못 들어 한다면 제왕자리가 무슨 소용이 있겠어요. 나는 낮에는 땀 흘리며 고달프게 일하고 저녁이 오면 사슴처럼 단잠에 빠져드는 농사꾼입니다.

손님, 무엇이 그대를 이 골짜기를 찾게 했는지는 모르나 혹시 저지른 실수 때문에 괴로워하시는지요. 실수 한번했다고 불행해하지 마세요. 누구나 실수는 하잖아요. 그 실수 때문에 숨어살아야 한다면 당신의 미래가 너무 아깝지 않아요. 실직? 실연? 내 맘대로 상상해 봅니다.

그대는 내 집에 오신 손님일진대 아무것도 대접하지 못해 미안합니다. 건넌방에 가면 쉼멜표 피아노가 있습니다. 40년 전에 멈춰버린 시간의 단절 속에 이제는 녹슬고 낡아 소리가 제대로 나지 않습니다. 그러나 손님, 부탁컨대 무슨 노래든지 한 곡만 쳐보시기를 권합니다.

나는 가끔 세상일이 꼬이고 힘이 들 때면 이 피아노에 앉아 천천히 몇 곡을 칩니다. 엊그제는 "즐거운 나의 집"을 쳤습니다. 피아노 소리가 처져 제 음향이 아니었으나 조율하지 않은 피아노 소리는 그대로 또 다른 여운이 있었습니다.

손님, 그대의 삶도 지금 조율이 되지 않아 힘겨운 것은 아닌지요. 만약 여름에 다시 올 수 있다면 새벽밭으로 나가보세요. 그리고 밭골에 앉아 낮게 고개 숙여 자라는 푸른 생명들을 바라보세요. 도전하며 성장하는 곡식들이, 서로 서로 어깨를 비비며 자라는 풀꽃들이 분명 당신에게 무슨 말을 속삭여 줄 것입니다.

그리고 아침 해가 동산에 떠오르거든 책장 안쪽에 넣어둔 잘 익은 포도주로 새 출발을 위하여 축배를 드세요. 손님, 땀 흘린 만치 돌려주는 자연의 선물을 한 아름 받고 씩씩한 발걸음으로 내려가세요. 모쪼록 내가 없을 때 조용히 다녀가세요.

다시는 이 집에 오실 일이 없으면 좋겠습니다.

나는 이 편지를 주방 식탁 위에 붙여 놓았다. 그리고 라면과 물을 넉넉하게 준비해 놓고 내려오다 뒤돌아보니 열쇠 없는 꺼벙한 집이 한없이 자유스러워 보였다.

외롭게 한 죄

 오늘로 어머니 가신 지 일주일이다. 땅거미 내리는 시각, 식탁에 수저를 세 벌 놓고 "진지 드세요." 하다가 멍하니 선다. 어머니의 부재를 실감하는 순간 가슴으로 스산한 바람이 인다.
 96년 동안 깔끔하고 따뜻하게 사신 분이다. 임종 전날까지 혼자서 화장실을 가셨다. 장롱이며 서랍장이며 반듯하게 정리해 놓고 가족과 친척들에게도 마지막 인사를 하셨다. 신부님을 청해서 병자성사까지 받고 하루하루 죽음을 준비하시는 눈치였다.
 근년에 들면서 나는 새벽이면 제일 먼저 어머니의 문안을 받았다. 연세가 높아지면서 아기 상태로 되돌아가는지 나를 보고 엄마라 하고 새벽이건 밤중이건 방문을 열고 엄마가 있나 없나 확인하는 일이 일과였다.

작년 봄만 해도 농장에서 풀을 뽑는다고 호미를 들고 밭으로 갔다. 식사를 잘 하시니 기운이 나서 심심해서 그러려니 했다. 아래 밭에서 일하다 올라와 보니 꽃밭의 풀꽃들을 다 뽑아버렸다. 엄마가 게을러빠져서 꽃밭을 풀 더미로 만들어 놓았다고 꾸중을 하였다. '에미' 라는 호칭이 '엄마' 로 바뀐 것도 그 무렵이다. 그때서야 어머니에게도 치매가 왔다는 것을 알았다. 한밤중에 전깃불을 켜놓고 가버리고 책상 위의 원고청탁서며 보다 둔 책이 없어졌다. 꼭 미운 일곱 살 아이들이 장난치는 모습이었다.

이런 어머니와 날마다 아침이면 실랑이를 벌였다. 눈치는 빨라서 며느리가 양복을 입고 가방을 들고 나갈 때면 "언제 와?" 하며 배웅을 하고 작업복 차림이면 농장에 가는 줄 알고 따라간다고 앞장을 섰다. 그러면 우리 내외는 눈을 꿈적거리며 다른 핑계를 대고 몰래 빠져나갔다. 우리가 어렸을 적에 장에 가는 엄마를 따라가고 싶어 안달을 하던 그 모습이다. 농장에 가면 일 저지레가 이만저만이 아니어서 누구 하나는 어머니를 지켜야 하기 때문이다.

이때부터 형벌 같은 외로움이 어머니를 괴롭히지 않았을까 생각해 본다. 노인정에 모셔다 놓아야 꾸어다 놓은 보릿자루 같으니 싫다 하고, 텅 빈 아파트에 혼자 남아서 아들 며느리가 돌아올 때를 눈이 빠지게 기다리셨을 것이다. 나는 어머니가 사람이 그리워서 나를 찾는 줄 알았다. 명절 때 손자들이 모여

와서 집안이 북적거리는 날에도 내가 보이지 않으면 엄마 어디 갔느냐고 수도 없이 손자들에게 묻는다고 했다. 다른 사람이 아무리 많아도 당신에게는 오로지 며느리만 보였는지 모른다.

이런 어머니가 내게는 혹이었다. 70이 훨씬 넘은 아들과 70이 가까운 며느리가 노모에게 매달려서 불안 속에 살자니 속에서 불덩어리가 끓을 때가 왜 없겠는가. 참다 못해서 지난 7월에는 남편에게 부탁하고 러시아 문학기행을 다녀왔다. 일주일을 보내고 현관에 들어섰을 때 거실에 놓인 텔레비전 수상기에 큼지막한 종이가 붙어 있었다. "에미는 소련 갔어요. 더 찾지 마세요." 남편의 글씨다. 하루에도 수백 번 물어서 대답할 기운이 빠졌단다. 생각다 못해서 이렇게 써서 붙여놓고 물으시면 손으로 가리키고, 읽어보시고 잊어버리고 또 물으시고….

지금도 그때의 일을 생각하면 가슴이 아려온다. 날은 저물고 시장기는 드는데 엄마는 보이지 않고 얼마나 막막하였겠는가. 잘 모시나 못 모시나 함께 있어드린다는 것만도 큰 효가 되는 것을 나는 미처 생각지 못했다. 이 세상에 아무도 없다 해도 엄마만 내 곁에 있다면 두려울 것이 없었던 어렸을 때 기억이 나면서 어머니의 존재를 다시 생각해 보았다.

나이를 먹으면 다시 처음의 자리로 돌아간다. 말과 행동이 단순해지고 타인에 대한 배려가 없이 오로지 자신만 생각한다. 그러다가 그 자신마저도 잃어버려 우주의 미아가 되어 홀로 떠나간다. 어디로 가는 것일까. 오래 써서 남루해진 육신을 벗어

놓고 떠나면 남아 있는 사람들은 그의 흔적을 지우느라 바쁘다. 물리적인 흔적은 차츰 없어지고 남는 것은 그 사람 행위에 대한 기억뿐이다.

그분은 삶의 굽이굽이에서 나눔의 사랑과 지혜를 일깨워 주려고 하느님이 내게 보내주신 성모님이 아니었을까 싶다. 양말 두 켤레만 선물받아도 한 켤레를 꼭 내게 주셨고 푸성귀 한 다발도 이웃과 나누던 분이다. 대소가의 아프고 서러운 일은 혼자서 삭이고 시골에서 상경하는 친인척들 침식 수발로 청춘을 보내셨다.

근 일세기를 살아낸 어머니는 아주 작아져서 주방으로 나올 때도 아기처럼 엉금엉금 기어 나오고 임종하는 순간에도 내 손을 꼭 붙잡고 "엄마, 엄마." 불렀다. 도대체 어머니와 나는 전생에 어떤 인연이기에 이씨 문중에서 만나 젊어서는 온갖 사랑으로 품어 주시고 돌아가실 때는 당신이 아이가 되어서 내 품에서 임종을 하셨는지 알 수가 없다.

고부간이라는 인연이 어머니와 나 사이를 질기게 묶어주었지만 더 엄밀히 말하면 같은 여자라는 동질감이 40여 년 세월을 연민하며 미워하며 또 사랑하며 이어오지 않았나 싶다. 그럼에도 영영 떠나시고 난 후 헤어날 길 없는 죄책감은 어머니를 외롭게 한 죄다. 삶의 막다른 낭떠러지 앞에서 누군가 옆에 있어주기를 고대했을 어머니, 그 누군가가 있으면 죽음도 두렵지 않았을 어머니를 외롭게 한 죄, 내 어찌 다 용서받으랴.

이슬의 집

 과수원 소독을 하고 있습니다. 경운기는 바삐 돌아가고 소독대에서는 소독약 포말이 퍼져나갑니다. 가끔씩 약물을 젓는 일을 하는 틈틈이 하늘을 보고 뒷산도 보며 한눈을 팝니다. 이 고약한 버릇 때문에 지난번 소독 때는 큰 호통을 들었습니다.
 아래 밭언덕배기 나무를 소독하는데 소독 줄 어딘가가 터졌던 모양입니다. 나가라는 호스로는 안 나가고 소독약은 산지사방으로 품어져 올랐습니다. 소독약을 뒤집어쓰다시피 한 남편이 경운기 발동을 끄라고 아무리 소리를 쳐도 마이동풍, 하늘만 바라보고 있더랍니다. 소독대를 집어던지고 달려온 남편은 화가 머리끝까지 뻗쳐서 소독약보다 더 쓴 화살을 쏘아대었습니다.
 여름 내내 이렇게 지내고 있습니다. 왜 그런지 나는 하늘과

산이 곁으로 다가오는 여기만 오면 은밀하게 내 안의 세계로 빠져 버립니다. 그리고 여기 말고 어딘가 내 집이 따로 있었을 것이란 생각을 합니다. 그리고 다음 생엔 또 어떤 집에서 살게 될까 상상도 해봅니다.

고추잠자리가 떼지어 납니다. 파란 하늘을 배경으로 상승과 하강을 되풀이하는 잠자리의 춤이 근사합니다. 가볍게 떼를 지어 춤추는 율동은 봄바람에 나부끼는 꽃잎 같기도 하고 모닥불에 타오르는 불똥 같기도 합니다.

잠자리의 춤을 보다가 내 전생은 춤꾼이 아니었나 생각합니다. 5월 산들바람에 춤추는 미루나무의 잎새들을 보거나 오늘처럼 잠자리들의 춤을 볼 때면 '춤추어라, 춤추어라.' 주문처럼 외며 내 몸에도 부력이 생겨 점점 가벼워지는 느낌을 받습니다. 나도 한 마리 잠자리가 되어 여한 없이 춤을 추고 싶어집니다. 그렇게 춤을 추자면 먼지처럼 가벼워져야할 텐데 내 날개는 지금 녹이 슬어 있습니다.

접때는 들깨모를 모종하고 도랑으로 발을 씻으러 갔습니다. 산골짜기에서 내려오는 물줄기가 세지는 않지만 모래톱을 흐르는 물이 맑아서 흙 묻은 발을 담그기가 미안했습니다. 세수를 하고 발을 씻으며 어린 시절 개구쟁이로 돌아가서 혼자서 물놀이를 즐기고 있었습니다.

그때, 도랑가의 풀줄기에 짱구머리를 한 벌레가 붙어 있었습니다. 처음 본 이상한 형상이라 한참을 들여다보는 중에 지나

가던 농부가 뭘 그렇게 보느냐고 물었습니다. 그도 그럴 것이 나이를 먹을 대로 먹은 여자가 꽁무니를 하늘로 치켜들고 무엇인가를 열심히 보고 있으니까요. 발을 멈추고 들여다보던 농부는 "잼재리여, 잼재리." 하고 마을로 내려갔습니다.

그 흉하게 생긴 벌레가 잠자리의 유충이란 걸 확인한 것은 며칠 후의 일입니다. 알에서 깨어난 유충은 물밑바닥, 모래, 진흙 속, 물풀의 틈에서 수개월 내지 7, 8년을 살면서 열 번에서도 더 많이 불완전 변태로 탈바꿈을 한답니다. 그 사실을 알고부터 내 머릿속은 윤회라는 단어로 가득 찼습니다.

한 마리의 잠자리가 되기 위하여 그토록 많은 탈바꿈을 해야 한다면 오늘의 나는 또 얼마나 많은 윤회를 거쳐 온 것인가 하는 생각 때문입니다. 잠자리의 유충이 탈피를 거듭하며 그때 만났던 인연들은 또 무엇이며, 오늘 나와 인연 지어진 사람들은 어느 생에 맺어진 인연일까요.

어떤 날은 인연 없이 살고 싶어 태어나지도 죽지도 않게 해 주십사 발원할 때가 있습니다. 가족이라는 인연, 동기간이라는 인연, 서럽게 하는 인연, 애타게 하는 인연, 사랑함으로 아픈 인연의 고리에서 헤어나고 싶습니다. 그러자면 나도 레테의 강을 건너야 할 테지요. 그 강물을 마시면 과거를 깡그리 잊어버린다는 망각의 강을 말입니다.

이 여름을 아프게 보냅니다. 어쩔 수 없는 사랑 때문임을 압니다. 가까운 사람들의 병고와 사랑하는 사람들이 하나 둘 우리 곁을 떠나가는 아픔 속에서 목숨의 유한성을 다시 한번 곱씹어 봅니다.

다시 잠자리의 춤을 봅니다. 투명한 날개를 우주에 가득 뻗고 유유히 노니는 저 자유로움, 그것을 위하여 숱한 탈피를 꿈꾸어 온 것을 나는 지금 인정하고 있습니다. 그리하여 더 나은 영혼으로 진화하기 위한 도정으로 이승의 삶이 허락된 것이라면 모든 것을 접어놓고 허락된 오늘만이라도 기쁨의 씨를 뿌려야 하겠지요. 비록 우리의 삶이 이슬로 지은 집이라 할지라도 힘껏 끌어안고 뜨겁게 사랑하리라 마음 다져봅니다.

지금 나는 소독약을 저으며 또 한눈을 팔았습니다.

이중섭 거리와 무영로無影路

소리 없이 젖어드는 봄비를 맞으며 제주도의 이중섭 거리를 걷는다. 지금부터 50여 년 전 무명의 화가가 화구를 둘러메고 쓸쓸히 걸었을 그 길을 나는 감동으로 걷고 있다.

한국예총 대표자 회의에 참석하고 충북예총 가족들만 따로 나선 해안도로 유람길, 차창 오른쪽은 망망한 바다가 유채꽃 빛으로 출렁거리고 뭍으로 이어지는 왼쪽에는 바람에 일렁이는 맥랑麥浪이 일파만파 흔들리고 있다. 나도 흔들리고 있다.

세상에 그 많은 일들 중에 오로지 한 가닥 자신만의 생명줄을 부여잡고 죽기 살기로 투혼하는 예술가들, 그들에게 원고지는 무엇이고 캔버스는 무엇이며 또한 렌즈는 무엇인가.

이중섭, 그를 생각하면 몇 개의 점으로 찍히는 장소가 있다. 지금은 갈 수 없는 평안남도 평원군, 서울 종로, 일본, 제주도 서귀포 그리고 서대문 적십자병원…. 나는 지금 그 점들 가운데 환하게 빛나는 점으로 찍히는 서귀포에 머문다.

섶섬이 보이는 작은 언덕배기의 시립 이중섭 전시관에는 '이중섭과 그의 친구들 전'이 열리고 있다. 우리나라 역사상 회색빛으로 점철된 시대를 함께 했던 이중섭과 그의 친구들 권옥연, 김병기, 김환기, 장욱진 등등 내로라하는 대가들의 작품이 한자리에 모여 우리를 맞아준다.

이곳을 찾아오기 전 왜 서귀포에 그의 거리가 있고 전시관이 있는지에 대해 많이 궁금했다. 태를 묻은 고향이거나 살다가 떠난 연고라도 있어야 하지 않겠는가. 그러한 의문은 바로 전시관에서 풀렸다.

이중섭이 1951년도 피난을 와서 12월 떠나기까지 머물렀던 1년의 서귀포는 그의 화력畵歷에 가장 빛나는 그림이 탄생하였고 불우했던 일생을 통하여 가장 행복했던 시기였다는 것을 여기 와서야 알게 되었다.

전시관에는 종이에 유채로 그린 〈섶섬이 보이는 풍경〉을 비롯하여 〈게와 가족〉, 〈연과 아이〉 등 인상 깊은 작품들이 나란히 걸려 있다. 사람들은 그의 작품 중에 많은 부분이 가족을 소재로 하고 소가 많이 등장한다고 말한다. 화가뿐만이 아니라 많은 예술가들이 어떤 소재에 기울어지는 경향이 있는데 그의 생애 중에 가장 절실한 부분을 차지하고 있기 때문이 아닐까 싶다. 가족을 일본에 두고 살았기에 그의 가슴에는 늘 가족에 대한 그리움이 출렁거렸을 것이다.

특히 전쟁의 참혹한 시절이 낳은 이중섭만의 독특한 재료와 기법으로 유래가 없다는 은박지에 그린 〈게와 가족〉을 보고 있으면 길지 않은 생애를 통하여 그가 보여준 가족에 대한 극진한 사랑이 전해져온다. 그는 늘 떨어져 살았던 일본인 아내에게 이런 편지를 썼다.

"자기가 가장 사랑하는 소중한 애처를, 진심으로 모든 걸 바쳐 사랑할 수 없는 사람은 결코 훌륭한 그림을 그릴 수 없소. 예술은 무한한 애정의 표현이오. 참된 애정에 충만함으로써 비로소 마음이 맑아지는 것이오. 마음의 거울이 맑아야 비로소 우주의 모든 것이 올바르게 마음에 비치는 것이 아니겠소?"

페미니즘 신봉자가 아니라도 깊이 공감하는 예술론이다.

그가 〈섶섬이 보이는 풍경〉을 그린 곳은 바로 이곳이다. 그림을 둘러보고 내려오다 왼쪽으로 지붕 낮은 제주도 전통 초가집으로 들어갔다. 안내자는 조그만 무쇠 솥단지가 걸려 있는 부엌을 지나 작은 방을 보여준다. 정면 벽에 그의 초상화가 달랑 걸려 있고 왼쪽 벽에는 〈소의 말〉이라는 시가 걸려 있다.

몇 년 전에 일본에 생존해 있는 그의 아내가 이곳을 다녀가며 한 평 반도 안 되는 작은 방에서 네 식구가 살던 그때가 가난했지만 가장 행복했던 시절이었다고 고백하더라는 이야기를 들으며 나는 가족이라는 끈을 생각했다.

겨우 41세에 영양실조와 간염으로 서대문 적십자병원에서 숨을 거두고 무연고자로 취급되어 3일간이나 시체실에 방치되었다가 뒤늦게 친지들에 의해 화장된 불우한 천재 화가 이중섭, 그의 시 가운데 '삶은 외롭고 서글프고 그리운 것'이라는 조용한 절규가 사뭇 애처롭다.

미술이 하나의 도시를 세계적인 문화휴양지로 격상시켰던 외국의 선례가 있듯이, 한 사람의 예술가가 머물러 작품을 남긴 도시를 세계적 예술 도시로 격상시키는 현장에 섰다. 제주시는 이중섭으로 인해 영혼이 살아 있는 더더욱 아름다운 도시가 되었고 문화상품으로 부상하고 있다.

모스크바나 상트페테르부르크에 가면 도시 전체가 푸슈킨의 동상과 기념관으로 가득 차 있다. 여행객들은 거기서 예술의 아름다움을 발견하고 매료된다. 그곳이 낳은 예술가를 알아보고 그의 작품을 사랑하고 기리는 도시야말로 문화도시요, 문화시민이다.

이중섭 거리에서 잠시 무영로를 생각한다. 내가 살고 있는 음성에는 음성읍 오리골에서 탄생한 농민문학가 이무영을 기리는 무영로가 있다. 이무영 문학비가 있는 설성공원을 옆에 끼고 야외음악당을 뒤로 한 작은 길이지만 이 길 위에서 선율에 취하는 젊음이 있고 시를 가슴에 담는 사람들이 있다.

작가는 작품을 남기고 떠나지만 영원한 생명을 얻게 하는 것은 남은 사람들의 몫이다. 이중섭으로 하여 더욱 아름다운 제주도, 비 오는 거리에서 제주도보다 아름다운 제주도 사람들의 예술사랑에 취하고 있다.

문 앞에서

새벽 4시 30분, 찬 공기를 가르며 집을 나섰다. 엊그제까지 찬란하던 단풍이 11월 삭풍에 져버리고 들녘은 처음의 모습으로 새벽잠에 빠져 있다. 도둑처럼 인천공항 길로 들어선다.

나는 지금 인도로 간다. 오랫동안 인도는 영혼의 불빛인 양 내 안에 불 켜있었다. 가난하다는 땅, 영국의 식민지로 신음하던 땅, 오래 전에 석가모니 불타가 탄생하신 성지. 나를 손짓하는 것은 그것만이 아니었다.

인도에는 금세기의 성녀 마더 테레사가 처음으로 가난한 사람들을 위해 봉사를 시작한 곳으로 아직도 인류를 위한 봉헌이 이어지고 있으며, 시성 타골의 신에게 바치는 노래 〈기탄잘리〉가 녹아 있고, 무엇보다도 위대한 영혼 간디가 영원히 살아 있는 곳이다. 나는 그 위대한 땅을 그 위대한 정신을 만나려고 간다.

 지난 몇 년 내 의식은 낡을 대로 낡아 있었다. 나 밖으로 뛰쳐나가려는 의식과 내 안으로 잠입하려는 의식의 팽팽한 줄다리기 속에서 정말 내가 원하는 것이 무엇인가 의문을 갖기도 했다.

 몸도 지쳐있었다. 한 가지 일이 끝나면 또 다른 일이 기다리고 있고 집과 집 밖의 일들은 끝이 없었다. 내 안의 정원은 황폐해지는데 집밖의 정원에 정원사가 돼야하는 일도 쉽지 않았다. 명예를 위함도 아니었고 욕심 때문도 아니었다. 그것은 다만 내게 지워진 책임에 최선을 다하자는 스스로의 강박관념일 뿐, 나 자신에게라도 충실하고 싶었다. 그래서 탈출을 꿈꾸었다.

 나는 지금 인도로 간다. 원고청탁 다 펑크내고 염치도 좋게 강한 영적 힘이 사로잡는다는 인도로 간다. 님이시여, 부디 이 발걸음에 축복주소서.

 싱가포르에서 여섯 시간을 기다려 인도행 비행기에 올랐다. 인도양 창공을 나는 야간비행, 그래 그런지 기내는 어느 때보다 조용하다. 탑승객 대부분이 코가 오똑하고 눈이 깊은 인도 사람들이다. 여자들은 나이가 들수록 우아한 샤리로 몸을 감았는데 샌들을 신은 발은 맨발이 많다. 인상이 조용하다. 눈동자가 자주 움직이는 것이 아니라 그냥 멈춰있는 것 같은 인상이다. 짧은 영어로 의사를 소통하고 나면 그들은 헤어질 때 손을 꼭 잡는다. 이마에는 인장처럼 진홍색 꽃잎을 물고 코 부리에 얹은 보석은 어느 카스트의 표시일까.

이 인도양을 건너면 인디아, 영의 땅에 다다를 것이다. 맥주 한 캔으로 목을 축이고 차오르는 취기로 저 아래 세상을 바라본다. 누가 하늘에서 다이아몬드를 삼태기째로 뿌렸는가, 빛의 마을, 빛의 무덤, 명멸한다. 사람 사는 세상은 저렇듯 황홀한데 왜 슬픔이 존재하는 것일까.

나는 농장에서 일하면서 하늘 높이 떠가는 비행기를 보면 신음 같은 탄식을 했다. 한평생 여행만하고 살았으면 하는 생각에 호미자루를 내려놓고 하염없이 앉아 있었다. 그래서 꿈꾸던 곳에 다녀오고 나면 또 다른 곳을 가는 꿈을 꾸기 시작했다. 비행기는 아름다웠다. 햇빛에 반사되어 은빛으로 빛나는 몸체가 마치 은어와도 같아서 태평양을 헤엄쳐오는 것 같고 그 안에 탄 사람들의 모습을 상상해보기도 하였다. 기수가 서울을 향하는 비행기면 지금쯤 승객들은 조금은 피곤한 모습으로 여행의 즐거움을 가슴 가득 담고 가족에게 돌아오는 기쁨에 들떠있을 것이라고 생각하기도 했다. 여행의 끝은 돌아가는 것이다. 그럼 이 지구로 여행 나온 우리들의 돌아갈 곳은 어디일까. 상상의 나래는 끝이 없었다.

비행기 날개 끝 점등의 불빛. 그 불빛 위로 초승달의 미소, 지구촌 이무기는 수천 미터 상공에서 여행의 취기로 생의 찌꺼기를 배설한다. 저 달이 차오르듯 기다림도 차오르고 인도로

가는 내 꿈도 차오른다.

  꿈은 꿈일 때 아름답다는 말이 있다. 여행은 잘 짜여진 일정뿐만 아니라 떠나기까지의 설렘이 더 기쁜 과정이 아닐까 싶다. 나는 지금 인도라는 거대한 문 앞에서 두근거리는 가슴에 손을 얹고 호흡을 가다듬는다. 잠을 자 두어야겠다. 피곤이 가시고 맑은 정신으로 그 땅에 첫발을 들여놓고 싶다.

타박네로 간다

 강의실 밖은 바람 세상이다. 문학이라는 바다에 뛰어든 어부들이 눈을 빛내며 귀를 재우는 아홉 평 반의 강의실, 절망과 상승의 함수관계는 오늘도 시퍼렇다. 그 시퍼런 계율로 자해하며 퍼 올리는 한 편의 글. 퍼내도, 퍼내도 문학에 허기지는 날이면 바람에 실려 타박네로 간다.
 네 사람 앉으면 방이 꽉 차는 목로주점, 땟국 꾀죄죄한 방석을 세상인 양 깔고 앉아 무청 김치에 돼지순대 한 접시, 음성 막걸리 한 병이면 세상이 돈짝만해진다.
 그래서 바람 부는 날이면 무덤에서 걸어나온 이 동네 글쟁이들이 하나 둘 타박네로 모여든다. 빈 술잔 놓고도 취하는 날, 서로의 어깨에 기대면 맹물을 마시고도 제왕이 된다.
 언젠가 옆 동네 충주의 바람 시인이 시집을 보냈기에 내 수필집을 보내며 바람 부는 날에 타박네서 만나자고 했것다. 날짜도 시간도 없는 바람의 약속을 일방적으로 해놓고 깜박 잊어먹고 있었다.

그날은 점심때가 기울면서 살랑이던 바람이 머리채를 흔들면서 소리를 질러댔다. 집에서 신문이나 보면서 오후를 보내려다가 길신에 쓰인 나그네처럼 타박네로 들어섰더니 이미 충주의 시인은 짚신인 양 핸드폰 달랑 허리에 차고 막걸리 두 병을 뉘였더라. 바람과 바람에겐 무선통신이 있어 우표 없이도 오고가는 고차원의 길이 있는 것일까.

그대여, 바람 부는 날에는 타박네로 오라. 뒷주머니에 꽂은 지갑이 비었어도 걱정하지 말라. 가슴에 시 한 옴큼 담아오면 맘씨 고운 주모는 '글쟁이'란 한마디에 장부책 펴지도 않고 통과시킨다. 비씨카드, 골드카드 무슨무슨 카드 있어도 못써먹는 바람의 집이다.

안주 값이 없거든 깡술도 좋다. 굵직굵직 시뻘건 깍두기 한 접시에 눈치 없이 주는 순대국, 때로는 세상을 타박하고 내주장 아내를 타박하고 권위주의 직장 상사를 타박해도 바람은 다 쓸어 담아 백마령을 넘어간다.

그대여, 비 내리는 날에는 타박네로 오라. 세상의 우수가 빗물로 내리고 으스스 어깨에 한기가 드는 저녁 목로에는 펄펄 끓는 순대국밥 김이 서리고 하루의 허기를 달래는 길손들이 어깨를 비비며 눈길이 순해진다.

무덤만한 방에서는 바람의 아들딸들이 혈서를 쓰듯 시를 쓴다. 박재삼 시인의 시 '천년 전에 하던 장난을 바람은 아직도 하고 있듯' 백 년 전에도 썼고 천 년 전에도 썼던 시를 아직도 쓰고 있는 시인들, 어떤 날은 기행 시인 랭보가 비행기 타고 와서 안주가 되고, 어떤 날은 김훈의《칼의 노래》가 불이 된다. 주정은 자유, 신자유주의가 태동한다.

그대여, 그대 안에 바람 불고 비 내리거든 타박네로 오라. 사막을 건너는 이들에게는 낙타가 필요하듯이 세상을 건너는 이들에게는 징검다리가 있어야 하느니….

안개가 짙어 가시거리가 어지러울 때, 시 한 줄에 절망하고 죽기를 생각할 때, 밀린 임금으로 전셋집에서 쫓겨날 때, 뒤로 넘어져도 코가 깨지는 날, 사랑이라는 단어가 쓰디쓰게 속을 훑을 때, 그대여 세상 먼지 쓴 채로 타박네로 오라. 타박타박 걷다보면 영원도 한 순간임을 막걸리 한 모금이 가르쳐 주리라.

장날이면 촌로들이 세종대왕 한 장으로 거나해지고, 집에 가도 야근하는 아내 덕에 밥 못 먹을 때 부담 없이 밀치는 가벼운 문짝.

오라, 함께 살아도 외로운 사람들, 혼자인 듯 서러운 이 세상에 이만한 오아시스가 또 있는가.

며칠 전 낯선 메일을 받았다. 그 분은 시골 작은 마을에서 개척교회를 이끄는 목회자라 했다. 오직 사랑 하나 믿고 서울에서 남편 따라 내려온 아내는 목회자의 충실한 내조자로 조심조심 살아가면서 힘들어 했다고 한다. 그런 아내가 수요일 창작 교실에 다녀오는 날이면 다시 소녀가 되어 행복해 하는 모습을 보며, 남편으로서 감사의 인사를 올리고 싶어 메일을 보낸다는 것이다.

나는 그날도 타박네로 가고 싶었다. 사람이 자기 본연의 모습으로 살아가는 일이 어디 그리 쉬운가. 누구의 아내라는 자리, 특히 성직자의 아내라는 자리가 얼마나 소리 없는 희생을 요구하는 자리인가를 짐작해 본다면 그 아내를 안쓰럽게 지켜볼 수밖에 없는 남편의 마음을 충분히 느낄 수 있어서다.

우리 글쟁이들이 타박네를 찾아가는 이유가 바로 거기에 있다. 권위적인 것을 싫어하고 넥타이를 싫어하고 때로는 이 세상 까다로운 치레를 거부하는 그들이 거기서만은 가장 솔직한 자신과 만나 편안히 서로를 공유할 수 있기 때문이다. 이래저래 타박네는 우리 마음의 안식처다.

그대여, 반듯하게 살아가느라 고달픈 그대여, 가끔은 그대 안에 바람 불고 비 내리거든 이리로 오라.

해토머리

 더딘 걸음으로 우수가 오고 있다. 이때쯤이면 과수원집들은 과목의 가지를 전정하는 봄 채비가 시작된다. 우리도 사과나무 가지치기를 한다기에 따라 나섰다. 봄바람에 설늙은이 얼어 죽는다더니 옷깃을 파고드는 바람이 맵다.
 그가 전지가위를 벼리는 동안 가스 불에 물주전자를 올려놓고 창문을 열어 젖뜨렸다. 건너편 배밭에 아지랑이가 아른거린다. 현기증 같은 아지랑이 사이로 거름을 주는 최씨 내외의 모습이 숨바꼭질을 한다. 저 밭에 배꽃이 피면 "배꽃 피는 내 고향 그리운 고향"노래를 하루 종일 불러대던 때가 있었다. 배꽃은 사과꽃보다 먼저 핀다. 어쩌다 보름 때와 맞물리면 달빛을 휘감은 배꽃들의 꽃사태가 소복 여인 같다는 생각을 했고 까닭도 없이 서러워서 또 노래를 불렀다. 아마도 서른아홉쯤의 나이였을 것이다.

　보온병에 커피를 타 가지고 밭으로 나갔다. 그 사이 그는 세상일을 잊어버린 사람처럼 사과나무 가지를 치고 있다.

　"차그락 착…." 단음으로 퍼지는 가위 소리가 오늘따라 생기 차게 들린다. 차그락 소리 뒤에 한두 박자 쉬는 고요가 호젓하다. 그 쉼표 사이로 꽃눈을 더듬는 그의 시선을 따라간다. 어떤 일에도 마음의 동요가 없는 그가 과일나무 순을 칠 때만은 소년 같은 얼굴이 된다. 무엇이 저 남자의 가슴을 설레게 하는 것일까.

　버선목이라야 뒤집어보지, 옆에 있어도 알 수가 없다. 다만 생전에 아버님 말씀을 빌어보면 짐작이 간다. 열여섯 살에 장가를 가서 열일곱에 낳은 외아들을 당신은 의사를 만들고 싶었다. 의사도 힘든 내외과 의사가 아니라 치과 의사였다. 그러나 아들은 의대 지원을 포기하고 농대를 가서 농학사가 되었다. 서울에서 좋은 직장도 버리고 낙향하여 과목을 심더니 주저앉았다. 아버님은 마음대로 안 되는 게 자식농사라고 낙심이 컸다.

　그의 말대로 사주팔자가 그랬던 것일까. 사과나무와 함께 있을 때 가장 생기 찼고 즐거워 보였다. 그가 장년일 때는 사과나무가 4백여 주 넘었다. 지금은 체력에 따라 줄고 줄어서 3십여 주를 붙들고 있는데 칠순을 훌쩍 넘긴 노인이 소독하고 가지치고 거름 주며 열심히 한다. 어쩌면 그의 종교는 사과나무가 아닐까 싶기도 하다. 지금 저 얼굴에 퍼지는 푸근한 미소는 나무와 대지와 바람과 나누는 그만의 교감 때문일 것이다.

"이봐, 저 소리 들려?" 하는 소리에 나뭇가지를 줍다 말고 일어섰다. 그는 나를 밭둑 밑으로 휘돌아 나가는 실개울 쪽으로 돌려 세웠다.

"쪼록, 쪼록, 쪼로록."

실개울의 얼음이 녹아서 흘러가는 소리였다. 뒷산 소나무 숲에는 아직도 잔설이 희끗한데 집 가까이 있는 실개울은 녹아 흐르고 있다니…. 물소리에도 강약이 있다. 조금 더 날씨가 풀리면 쫄쫄쫄 흐르다가 콸콸콸 흐를 것이고 그러다가 노래가 무르익으면 제 흥에 겨워 밭둑이고 논둑이고 무너뜨릴 것이다.

물소리 덕분에 나무 밑에 앉아서 소풍이라도 온 듯 커피를 마셨다. 그 소리가 커피 물 내리는 소리와 닮아서 더 목이 탔는지 모른다. 전지된 나무를 주워 다섯 단으로 묶고 나서 허리를 폈다. 아직은 고요한 들녘이다. 멀리 큰 냇가의 버드나무가 파르레한 너울을 쓰고 누군가를 손짓해 부르는 것 같다.

나무를 바라본다. 자라고 싶은 대로 자란 가지들이 얽히고 설켜 복잡한데도 바람은 거리낌 없이 불어 가고 새들도 부딪침 없이 날아다닌다. 그런데 나는 왜 자신이 주체하지 못할 세상의 부피와 무게를 스스로 짊어지고 허덕이는지, 바람처럼 새처럼 살 수 없을까.

가지를 쳐주고 나니 모양새도 바르고 시원해 보인다. 사실

몇 그루 되지 않는 사과나무 가지치기를 하는데 내가 꼭 있어야 할 이유는 없지만, 구태여 따라오는 것은 여기 토계리에 오면 머리가 맑아지고 무언가 가닥이 잡히기 때문이다. 기도가 되지 않거나 글이 잘 써지지 않는 것도 가슴과 머리가 너무 많이 얽혀 있기 때문일 것이다.

다시 그를 바라본다. 바람에도 얼굴이 타는지 환한 햇살에 주름살 깊은 얼굴이 오소소하다. 아버님 말씀처럼 세상 일 잊고 농사만 짓는 그가 나도 때로는 답답했다. 지금도 세상의 잣대로 그를 바라보면 별 볼일 없이 늙어버린 노인이다. 그러나 그가 누리는 평화와 자족自足을 가까이서 보노라면 그는 누구보다도 자기 인생을 사랑했고 자기답게 살았다는 것을 요즘에서야 느낀다. 나야말로 30여 년의 세월을 거쳐서야 그를 하나의 껍데기가 아닌 존재로서 보게 되나 보다.

얼마 전에 읽은 권희돈 교수의 글이 생각난다. 성공한 사람보다 행복한 사람이 아름답다는, 성공을 삶의 기준으로 삼는 사람이 불행한 까닭은 성공하기 위하여 욕망의 끈을 놓지 못하기 때문이라 했다. 그러나 행복을 삶의 기준으로 삼는 사람은 욕망의 끈을 놓을 줄 아는 사람이기에 외면적으로는 초라해 보일지 모르나 내면적으로는 풍족한 기쁨을 느낀다는 것이다.

이제야 내 가슴에도 훈풍이 부는 것일까. 몸은 와 있어도 마음은 늘 유배지를 떠돌던 시절, 밤이면 몰래 마음의 보따리를 수없이 쌌다. 그러다가 새벽이 오면 밭으로 달려 나가 간밤의

번뇌를 잊어버리고 나무들과 뜨겁게 조우했다. 어쩌면 그때, 나는 사람보다 사과나무가 좋아서 여기를 떠나지 못했는지도 모른다.

  오후에는 실개울을 따라 내려가서 걸레를 빨았다. 쪼록거리며 흐른 물도 작은 웅덩이가 되어 걸레를 두드리는 방망이질이 즐겁다. 이제 머지않아 봄이 오면 대지는 왕성한 생식력으로 내시內侍의 씨라도 받겠다고 아우성치며 무리무리 새 생명을 탄생시킬 것이다.

고도孤島에서

지도에서 보면 점 하나로 찍힌 섬 울릉도, 나는 지금 울릉도 도동항구 시계탑 옆에 있는 찻집에 있습니다. 바다가 가득한 창가에서 먼 바다에 이는 파도를 보고 있습니다. 파도가 거세어 배가 들어오지 못하는 항구에는 정박한 오징어잡이 빈 배만 바람에 흔들릴 뿐, 발 묶인 관광객들조차 향수에 젖었는지 골목길이 한산합니다. 오늘도 배가 들어오지 않으면 관광객들은 예정에 없는 한유를 한껏 누리게 됩니다.

바다 건너 뭍에 가족과 일들이 있는 사람들이 처음에는 초조하고 불안한 눈빛으로 바다를 응시하더니 자연의 섭리 앞에 불가항력임을 알아차리고는 끼리끼리 시간 보내기를 궁리하는 눈치입니다. 잠시 한 세상 밀어놓고 나그네의 여로를 뒤돌아보게 하는 귀중한 시간이 될 것도 같습니다.

지난 2년간 고향에 돌아와서 정신없이 살았습니다. 고향에 내려와서 문학의 선배로서 동분서주하며 언어를 떠올렸던 것은 그 때문입니다. 언어는 우리나라 남대천에서 치어로 고향을 떠나지요. 그리고 북태평양에서 성어가 되면 다시 모천으로 돌아옵니다. 멀고 먼 바다 속을 헤엄쳐 돌아오는 것은 알을 낳기 위해섭니다. 제가 태어난 곳에 돌아와 모래 속에 산란을 하고 임종하지요.

그동안 미력하나마 고향의 문학, 예술의 발전에 디딤돌이 되려고 애썼습니다. 잠들어 있는 예술혼을 깨워 문학의 영토를 가꾸고 그들의 자양분이 되고자 했습니다.

언어가 모천으로 돌아오는 것은 자신의 영리나 명예를 위해서가 아니라 알을 낳으려는 본능적인 행위이고 보면 끝없이 사랑하고 가꾸고 싶은 후배 사랑이 곧 고향 사랑, 예술 사랑이 아닐까요.

물질의 풍요만이 아니라 정신적인 풍요도 함께 누리는 질 높은 고향을 만드는 것이 깨어 있는 이들의 소망이기 때문입니다. 또 한 가지는 옛날에 과수원이었던 밭에 콩 농사를 지었습니다. 씨 심고 밭 매는 일이 쉽지 않더니 올 가을은 콩하고 씨름하느라 여념이 없습니다. 손으로 일주일을 떨다가 못다 떤 콩대를 쌓아둔 채 가방 하나 달랑 메고 나선 길입니다.

엊그제는 지프로 해안을 따라 또 산길을 따라 구경을 나서 보았습니다. 멀리서 보면 손바닥 같은 작은 섬인데 모퉁이마다

진기한 바위요, 유연하게 휘돌아난 해안선의 물빛이 빼어난 경치입니다. 곡예를 하듯 산길을 달리며 서너 채씩 모여 있는 촌락들의 모습을 보니 거센 바람에 날려가지 않으려고 서로 꼭 붙들고 의지하는 모습 같아 측은했습니다. 번듯한 양옥이나 기름진 들이 없는 척박한 땅, 그러나 그들은 바다의 용기를 간직하고 독도를 지키며 굳세게 살고 있었습니다.

울릉도의 첫 밤을 이야기해 볼까요. 아참, 이번 울릉도 여행은 청주대학교 행정대학원생들의 연수입니다. 다 늦게 공부를 하며 녹슨 머리에 기름칠을 하고 새로운 학문에 매달리는 일이 신선한 자극이 되고 있습니다. 일행들이 바닷가에서 회를 먹고 조금쯤 취해서 제법 큰 노래방에 갔습니다.

노래하고 춤추는 홀에서 나그네가 되어 선율에 젖다보니 회장님, 교수님, 대표님 거창한 명칭들은 그림자가 되고 인간 본연의 체온이 살아났습니다. 그림자 춤에 생긴 틈으로 고독의 실루엣은 비슷했습니다. 뜨거운 몸짓도 우수의 노래도 밤이 지새면 다시 넥타이 단정히 맨 생활인이 되어야 하고 억지로라도 어깨에 힘을 주어야 험한 세상을 버틸 수 있겠지요.

그곳에는 정말 사람들만 있었습니다. 사람, 그 이상도 그 이하도 아닌 그냥 사람들, 함께 떠밀려가며 외로운 혼자들의 자유가 출렁였습니다. 이런 자유, 방만하되 이탈하지 않고, 타협하되 흡수하지 않는 도도한 자유가 여행의 진미일지도 모릅니다. 우리는 거기서 다 벗어 놓고 노래에 취해서, 정에 취해서,

물살에 흔들리는 말미잘처럼 춤을 추었지요. 그러고 보니 말미잘 생각이 납니다.

어제 아침 산책길에서 말미잘을 보았습니다. 파도가 철썩이는 바위에 달라붙어 온몸을 수많은 촉수로 둘러싸고 물살에 흔들거리는 꽃송이 같은데 손가락으로 건드리니 오므라들었어요. 잡아떼려고 하면 할수록 더욱 단단하게 물을 뿜어대면서 몸을 작게 수축시켰어요. 그것은 살아있다고 항의하는 생명이었습니다. 오므릴 줄도 펼 줄도 모른 채 천 년 세월을 우뚝 선 바위와 춤추고 노래하고 분노하는 작은 생명체의 대비가 각별한 의미를 주었습니다. 그대 왈- "참새가 봉황의 마음을 어이 아느뇨?" 하겠지요.

관광 일정은 이미 끝났고 오늘 나흘째 자유 시간을 누리고 있습니다. 하루에 한 번씩 호텔을 빠져나와 바닷가에 나가 파도소리를 듣고 돌아오는 길에 이 찻집에 들러 또 한 시간 바다를 바라보곤 합니다. 저 멀리 방파제를 뛰어넘어 하얗게 부서지는 물보라가 제 몸 산산이 부숴대는 순정 같다는 생각을 합니다.

노상 바쁘다는 핑계, 동동거리던 일상도 접어놓고 보니 별게 아니네요. 바다 건너 저쪽에는 누군가 내 빈자리를 채워 일상은 그전처럼 이어질 테고 나중에 내가 이승을 떠난 뒤에도 바로 오늘처럼 세상은 여전하겠지요.

바람이 자는지 오늘 바다는 부드럽게 반짝이는 노래입니다.

수평선 너머로 들어오는 배 한 척이 보이는군요. 바다의 가슴도 여인네 같아서 바람에 따라 노래가 되고 포효가 되고 한숨이 된다는 것을 생각해 봅니다.

짭짤한 해풍을 온몸으로 받아내며 바위틈에 뿌리내린 해국의 보랏빛이 청초합니다. 이제 바닷바람에 씻긴 내 삶도 해국의 향기를 지니고 싶다는 부질없는 바람도 가져봅니다.

그동안 밥 안 하고 콩 안 떨고 바다 보며 사는 재미 한껏 누렸습니다. 바람이 내게 준 보너스였지요. 오늘밤 늦게라도 배가 도착하면 내일 새벽에 떠난다는데요.

바람이 한 닷새 더 불었으면 좋겠습니다.

그리운 목소리

 하얀 김이 서리는 찻잔을 마주하고 있으면 다정한 목소리가 귓가에 와 닿는다. "에미도 어서 들어오너라." 아버님의 음성이다.
 주말이면 4대가 모여든다. 일터를 따라 헤어져 살고 있는 아이들이 큰 둥지를 찾아 모여들면 스무 식구가 넘는 대가족이다. 명절 때나 한자리에 모이는 요즈음 세태에 한 주일이 멀다싶게 아버지 집에 모여 즐거운 시간을 보내는 모습이 보기 좋다며, 이웃들까지 거들다보면 영락없이 잔칫집이 된다.
 그쯤 되면 주방장인 나의 업무는 눈코 뜰 사이 없이 바쁘다. 끼니 준비, 후식과 간식, 설거지에 매달리다 보면 하루가 언제 가는지 모르게 지나간다. 그때 올려지는 막간, 차 마시는 시간 아버님은 그 시간만큼은 꼭 며느리인 나를 불러들여 옆에 앉히고 차를 드셨다. 차 마시는 일이 전부라면 주방 식탁에서 잠깐 마실 수도 있겠으나, 아버님의 속마음은 그것이 아니었다. 한자리에 모인다는 것, 그리고 더 깊은 뜻으로 잠시도 쉬어보지 못하는 며느리에게 잠시나마 휴식을 주려는 의도일 것이다.

아버님의 그런 애정 때문이었는지, 차 한잔을 마시고 일어서는 기분은 언제나 가볍고 즐거웠다. 역사가 긴 우리 집 차茶 시간은 자유롭다. 거실 의자를 중심으로 빙 둘러앉아 격의 없는 대화를 나누는데, 갓 결혼한 새아기도 의사표시를 하고 토론도 한다.

거기에서 평안함이랄까, 열리는 문이랄까, 차가 주는 분위기가 가정 평화에 큰 몫을 차지하는 것 같다. 아버님이 평생을 좋아하시던 커피를 들 수 없게 되었다. 간경변, 길어야 1개월이라는 생명의 선고를 받고 가장 아쉬워하던 것이 커피를 마시면 안 된다는 의사의 경고였다.

입원 후 병상을 지키고 있을 때였다. 어머님은 목욕을 가시고 의사는 오후 회진 시간에나 들를 터인데, 커피 한 모금만 마실 수 없겠느냐는 아버님의 간청이셨다. 꼭 한 모금이라고, 입안이 텁텁하고 메스꺼워 견딜 수 없다고….

조금 망설였다. 금기 음료를 드렸다가 더 해로우면 어쩔까하고. 그러나 어려운 부탁을 내게 하시는 아버님의 심정이 이심전심으로 전해 왔다. 사실 나도 아버님께 얼마나 많은 위로와 용기를 받고 살았는가.

당신과 나만 알고 몰래 커피를 타서 드렸다. 부액을 받아 기대 앉은 아버님은 눈을 지그시 감은 채 오랫동안 커피 잔을 어루만졌다. 그 손길은 부드럽고 애절하였다. 야윈 입매로 미소가 번졌다. 헐렁한 환자복에 깡마른 노인이 세상에서 가장 행복한 사람의 표정으로 깊게, 깊게 커피 향을 음미하고 있는 듯하였다. 아버님은 입으로 커피를 마시는 것이 아니라, 분명히 마음으로 마시고 있었을 것이다.

오랫동안 그리며 은애하던 사람을 만난 표정이 저러할까? 숨죽이고 지켜보는 나에게 이제는 되었으니 잔을 치우라고 하셨다. 그렇게 원하시던 단 한 모금의 커피도 들지 않고, 물리시는 아버님의 눈빛은 마신 것 이상으로 푸근해 보였다. 그것이 마지막 드신 커피다.

나는 오랫동안 생각에 사로잡혔다. 무엇 때문에 그리도 좋아하는 커피를 단 한 모금도 들지 않고 세상을 떠나셨을까? 그래도 살고 싶은 생명의 본능일까. 며느리의 입장을 헤아림일까?

어언 3년이 흘러가 버린 지금 어설피 깨닫는 것은 좋은 이별을 위해서가 아니었을까? 진정으로 사랑하고 아낀 사람과의 이별처럼 그렇게 잠잠하고 애틋하게 헤어지고 싶어서였지 싶다.

겨우 미음 몇 수저로 연명하시면서 입맛을 다시는 서운한 눈빛 때문에 어머님은 그 후로 오랫동안 커피를 외면하고 지냈다. 그리고 제상을 차릴 때나 성묘를 갈 때 무엇보다 먼저 챙기는 백자 찻잔과 커피, 어머님은 당신의 지아비가 사는 세상에도 커피가 있는지가 가장 궁금한 사항이다.

아버님이 떠나시고 그 겨울 내내 어머님은 넋이 나간 듯 지내셨다. 작은 일에도 역정이 잦고, 날마다 당신의 소지품을 챙기며 알아듣지 못할 말을 중얼거리기도 하셨다.

속수무책으로 바라만 보고 있던 나는 어느 날 차를 따끈하게 끓여 아버님이 드시던 찻잔에 담아 어머님과 마주앉았다. 늘 두 분이 함께 앉았던 그 자리, 그런 시각이었다. 차를 들 생각은 하지 않고 목석처럼 앉아만 있던 어머님의 눈자위가 흐려졌다. 커피의 김 때문인 줄 알았다. 눈동자에서 물기가 번져 나왔다.

'불쌍한 양반' 한숨 쉬듯 토해 놓고, 천천히 찻잔을 집어 들었다. 열세 살의 신랑과 열일곱 살의 신부가 만나 육십 년을 해로하면서, 지아비 앞에 눈 한번 똑바로 떠보지 않고 살아온 여인, 그리고 그런 아내에게 존중과 감사로 살다간 신랑, 나는 두 분에게서 뜨겁게 타오르는 불길이 아니어도 은은하게 오래 번져 가는 사랑을 감지한다.

지난 추석에는 닷새의 연휴여서 잔치를 치른 셈이다. 온 가족이 거실에 모여 연일 마시고 웃고 즐거움은 왁자한데, 주방에서는 고전 중이었다. 아버님 생각이 수없이 났다. 그분보다 훨씬 더 개명했다는 남편과 아들들에게 섭섭한 생각마저 들었다.

그러나 그것은 잠시뿐 이제는 남편에게 아버님의 목소리를 옮겨 주어야 할 차례임을 상기하였다. 그 한마디로 시름이 녹고, 며느리도 사람임을 배려해 준 목소리. "에미도 어서 들어오너라." 지금은 뵈올 수 없는 아버님의 음성이다.

3부

마음을 찍는 사진사
쑥 뜯는 날의 행복
아사餓死 감방과 노벨문학상
내밀한 통로
다시 고요
당신의 봄
마로니에
묵시默示의 새벽
아르바뜨 거리의 촛불
시골편지

마음을 찍는 사진사

 거울 앞에서 화장을 끝낸 순간, 여자들은 나르시시즘에 빠지는 순간이 있다. 눈을 키워 보고 입술을 당겨 미소를 지어보며 여러 가지 표정 속에 가장 아름다운 모습을 연출해 보는 것이다. 이러한 심리를 포착한 것이 사진술이 아닐까 한다. 사진기 앞에서 포즈를 취했다는 말도 그래서 생겼을 것이다.
 내일 사진을 찍으러 나오라는 전화를 받고 걱정부터 앞섰다. 새로 나오는 수필집에 쓸 것인데 경험에 비추어 자신이 서질 않았다. 모 여배우는 얼굴 어느 쪽에 사진기를 들이대도 자신이 있다고 하는데, 나는 정반대니 고민이 아닐 수 없다. 보통 때는 화장 끝낸 순간의 기분이 없는 것도 아니지만 일단 사진으로 박혀 나오면 할 말이 없어진다.
 추운 날씨에 출판사 직원들과 세 시간여를 고생하였다. 실내에서는 정면보다 측면을 여러 각도에서 찍으면서 자연스러움을 강조하였다. 나는 사진을 찍으려면 표정이 굳어진다. 반짝하고 터지는 빛의 방사 때문인데 미리 긴장하다보면 찰각 소리와 함께 눈을 감아 버린다. 친인척 혼인사진이나 중요한 모임의 기념사진을 못 쓰게 하는 일이 잦아 사진에 대해서 유감이 많다.

하와이 사탕수수밭에 처음으로 이민 간 우리 교포들이 사진결혼을 했다는 이야기도 있으나, 세상에 사진이 없다면 사람들은 훨씬 더 풍부한 상상력을 발휘할 것이라는 생각을 할 때도 있다.

삼청공원 철책을 두른 산책로에서 사진촬영은 시작되었다. 휑하니 비어 있는 공간에 등 굽은 나목이 보탬 없이 서 있고, 나 역시 보탬 없는 모습으로 걸어가며 찍고, 팔짱을 끼고 찍기도 하였다. 사진기를 작동시키는 손이 시릴 터인데 사진부 과장님은 진지하고 여유롭게 렌즈를 들여다보았다. 촬영을 돕고 있는 여직원들의 얼굴이 찬바람에 얼어 있다.

나중에는 내가 미안해서 대충 하자고 제의를 하였으나 그분은 변함없이 거리를 조정하고 광선을 배려하고 표정을 바로잡으며 최선을 다하고 있었다. 너무도 추웠기에 간이찻집에서 몸을 녹이고 장소를 옮겨 계속했다.

나야 피사체로 서 있을 뿐이지만, 그분은 도공이 배자를 빚듯 단 한 장의 완성된 작품을 위해, 렌즈를 통하여 혼을 불어넣는 것 같았다. 그렇지 않고서야 털장갑을 끼고서도 손이 얼어붙는 날씨에 맨손으로 한결같이 작업에 임할 리 있겠는가.

나는 목숨을 걸고 자기 일을 하는 사람들을 존경하고 좋아한다. 죽는 것 말고는 어떤 배역이든 진짜로 하고 싶다는 젊은 연기자의 고백을 듣고 감동을 받았다. 연습이나 가짜로 살기에는 우리에게 주어진 시간이 너무 짧지 않은가. 그날 산을 내려오며 "얼굴이 안 생겨 미안해요. 마음을 찍을 수만 있다면 좀 나을 텐데요." 하고 웃었다.

책이 나왔다. 예상했던 대로다. 사진이 거짓말을 할 리는 없고 순수하게 긍정을 하면서도 억울한 생각도 들었다. 도공은 백자를 빚었건만 내 앞에 있는 것은 초벌구이한 옹기에도 미치지 못한다. 애써준 사진부 직원들에게도 미안했고, 그래도 괜찮은 인물이라고 자위하던 자신에게도 미안했다. 주관과 객관의 차이가 이렇게 클 줄은 몰랐다. 나르시시즘에 눈멀어 미처 몰랐던 부분까지 드러내지 않는가.

사람들의 반응은 각기 다르다. 모습 그대로 나왔다고 하고, 그보다 못하다는 사람도 있으며, 분위기가 있다는 사람도 있다. 이런 줄다리기 속에서 마음을 찍는 사진사가 있다면 어떻게 찍혀 나올 것인가에 생각이 미쳤다. 보이는 미추에 상관없이 내면의 나상裸像은 정말 외양보다 나을까.

오랜 시간이 걸릴 것도 없이 책을 읽어가면서 해답이 나왔다. 사진은 겉으로 나타난 실물의 모양을 박아낼 뿐이지만, 글은 눈에 보이지 않는 마음의 얼굴을 그려놓고 있지 않는가. 글 한 편을 탈고하는 순간은 스스로의 충만감에 객관성을 잃고 마는데, 한곳에 모아놓은 수필집에서는 사진을 보듯 미흡함이 드러나고 있다. 나는 이래서 어느 장르의 문학보다 심적 나상이 드러나는 수필을 사랑한다.

자연스러운 표정을 지으라던 사진부 과장님의 말은, 있는 그대로의 모습을 보여 달라는 요청이었을 것이다. 그런데 있는 것보다 더 잘 보이고 싶어 긴장하고 멋있는 몸짓을 취하려 하지 않았는가. 수필이야말로 가장 자기다운, 자기만의 모습을 찍어내는 사진이었다. 며칠 동안의 우울에서 벗어났다. 사진이 그렇게 나오기가 다행이지 싶다. 그보다 사진이 세련되고 아름다웠다면 독자들의 실망도 컸겠지만 사진이나 글이 비슷하니 안심해도 좋지 않은가.

사진 예술가가 렌즈를 통해서 어떻게 하면 불필요한 것을 생략하는가에 부심하듯이 수필가는 영성의 렌즈 속에서 껍데기를 파헤쳐 본질을 가려내는 일에 부심한다. 그래서 앞에 있는 피사체의 먼지를 털기 전에 마음의 먼지를 털어내느라 고뇌한다.

등장인물 속에 숨어 세상 온갖 삶을 살아내는 희곡적이거나 소설적인 삶도 좋지만, 삶의 복판에 맨몸으로 뛰어들어 혈서를 쓰듯 살아내는 수필적 인생이 좋다. 그럼에도 나는 지금 다른 무엇으로도 변명이 불가능한 마음이 찍힌 예순여섯 편의 글 앞에서 실오라기 한 자락을 찾고 있다.

쑥 뜯는 날의 행복

들꽃방석에 앉아 쑥을 뜯는다. 다보록한 쑥에 창칼을 대면 저항 없이 쓰러지는 헌신, 뒷산은 진달래로 몸 달구고 이웃 밭에서는 밭고랑 따는 워 워 워 소리.

읍내 아파트에 살면서부터 차를 타면 십 분도 안 걸리는 뽕나무골 농장에 자주 오지 못했다. 환삼덩굴 엉키듯 엉켜 사는 세상살이 참견하다 보니 정작 나 좋은 일은 뒷전으로 밀려난다.

저녁에 농장에서 돌아온 남편에게 개나리와 목련이 피었더냐고 물어 보니, 궁금하거든 가보라는 통에 입을 다물었다. 그러나 다음날 저녁이면 핀잔은 잊어먹고 또 묻는다. 감자는 싹이 나느냐, 마늘밭에 고자리는 안 먹더냐, 밥상머리에 앉아 시시콜콜 물어봐도 어제 같은 답, 그러다가 아흐레 만에 나선 걸음이다.

 현관문을 열기도 전에 올 봄에 새로 심은 과목들의 안부부터 살핀다. 내가 궁금해 하던 사이 목련은 피었다가 지고 모과꽃이 수줍게 피어난다. 화무십일홍이라더니 봄꽃 피고 지는 것은 꿈결처럼 느껴진다.

 옆밭에 조카 네가 황소를 부려 고추밭 고랑을 따고 있다. 일꾼을 구하지 못해 식구끼리 한다는 말을 듣고 일손 비지 않게 점심을 지어준다 자청해 놓고 찬거리를 준비하려 나섰다.

 정구지 나긋한 싹을 도리고 돌나물도 뜯었다. 초고추장에 살짝 무치면 산뜻한 그 맛이라니. 쑥은 바득바득 씻어 쑥물을 빼내고 들기름으로 조물조물 주물러 날콩가루를 묻혀 놓는다. 끓는 멸치 맛국물 된장국에 뿌려 넣고 가스 불을 끈다. 한참 있다가 한소끔 끓어 오른 후 파, 마늘을 넣으면 국물이 구수하고 향기도 좋다. 시골에서는 노상 먹는 된장국인데도 물리지가 않는 것은 된장 체질이라 그런 것 같다. 앞도랑에서 돌미나리를 뜯어다 살짝 데쳐 무치고 옥파로 강회도 만들었다. 일꾼들이 쑥국을 두 대접씩이나 먹었다. 쑥국을 비우고 나물을 넣고 밥을 비볐다. 그렇게 푸진 점심을 먹고 나서 바구니 옆에 끼고 나선 길이다.

 나물도 조급하게 뜯으면 재미가 없다. 세월아 네월아 하면서 뜯어야 나물 뜯는 삼매경에 접어든다. 옛날의 여인들은 구황식품으로 쑥을 뜯었다지만, 한 세기도 못 가 건강식품으로 쑥을 뜯고 뜯는 재미에 빠져든다. 다리가 아프면 앉아서 쉰다. 머리 수건도 벗는다. 산비탈에 군락을 이루어 피어난 진달래 조팝꽃이 곱다. 세상이 곱다. 고운 꽃을 아픔 없이 본다는 게 축복이라는 것을 깨닫는다. 사랑하는 사람들을 떠나보낸 이는 저토록 고운 진달래도 슬픔인 것을, 사실 아름다운 것들은 모두가 슬픈 그림자를 지닌 것은 아닌지. 허무를 알아버린 탓일지도 모른다. 햇살이 등허리를 간질인다. 양지녘 고양이 졸음 오듯 오수에 젖는다.

 졸음 오는 눈으로 발아래 뜬세상을 본다. 인큐베이터 안에서 내다보는 느낌이 이럴까. 상행선 하행선 꼬리를 잇는 차량들의 행렬 가운데 사고가 났는지 경광등이 돌아가고 있다. 누가 또 다치고 생명을 잃는지 모르겠다. 머리가 깨지고 죽어가면서 왜 줄곧 앞서려고만 하는지, 뒤처지는 고통이 죽음만이야 하겠는가. 최고가 아니라 최선의 삶도 아름다운데….

 농사를 짓고 사는 아낙네가 생존 경쟁의 비정함을 짐작이나 하랴만, 빨리 달리다 보면 목표만 보이지 간이역은 보이지 않는다. 사실은 자잘한 기쁨들이 모여 삶의 원동력이 되고 보람을 안겨 주기도 한다. 최고야 하나면 되고, 여럿의 차선들이 울고 웃으며 삶이라는 대하로 흘러가지 않는가. 장바닥에서 순댓국을 앞에 놓고 함박웃음을 웃는 촌로의 삶이거나 지친 어깨를 아가들의 환성 속에서 쉬는 민초들이 가슴에도 보서 같은 기쁨이 있다.

나는 지금 한 뼘의 땅, 한 뼘어치의 햇볕으로도 해맑게 웃고 있는 솜양지꽃의 충만함에 함께 젖는다. 패기도 능력도 없는 자의 변명일지 몰라도, 내게 없는 것을 찾아 남과 비교하면서 고통스럽게 지내느니, 내게 있는 것에서 기쁨을 찾고 보람을 느끼며 사는 것이 인생을 낭비하지 않는 지혜라고 귀띔해 주는 것 같다. 이러다가도 저 아래로 내려가면 꺼지지 않는 욕망으로 괴롭기도 하겠지만 말이다.

바람이 청정해서 호흡선을 해 본다. 그리고 어느 선승처럼 조용히 뇌어본다.

"숨을 들이마시면서 내 몸을 안정하고, 숨을 내쉬면서 웃음을 띱니다. 내가 머물고 있는 이 순간이 경이로운 순간임을 나는 알고 있습니다."

오래 전에 나를 쑥이라고 부르던 사람이 생각나고, 지금거리는 보릿겨 쑥개떡을 짓적어 하며 건네주던 어릴 적 친구도 생각나는 봄 들녘, 바구니에는 쑥 말고도 최선의 꽃을 피워 올린 솜양지꽃의 무심無心이 큰 무게로 담긴다.

아사餓死 감방과 노벨문학상

 올해의 노벨상은 뒷이야기가 풍성하다. 연일 보도되는 내용으로 일본의 43세의 학사 회사원 다나카 고이치가 노벨화학상을 타서 범부들에게 희망을 주었다. 또한 재임 때는 인기가 바닥이었다는 카터 전 미국대통령이 국제분쟁해결 등의 공로로 노벨평화상을 수상한 일도 기분 좋은 소식이다. 언젠가 해비타트 운동의 일환으로 한국에 와서 무주택 서민들을 위하여 부부가 집을 짓는 모습은 우리를 얼마나 신선하게 했던가. 카터 전 미국대통령을 생각할 때면 퇴임 후에 더 아름다운 대통령이 없는 우리의 현실이 안타깝기만 한 것은 나만의 생각은 아닐 것이다.
 이러한 소식 중에도 노벨문학상 발표는 기대와 실망이 교차했으나 또 다른 의미를 주었다. 시인들 가운데 노벨문학상이 선정된다면 우리 시단의 거목 고은 선생도 가능성이 있다는 보도는 노벨문학상 수상자가 전무한 우리 문단에 고무적인 일이었다.

기대는 빗나갔지만 헝가리의 작가 임레 케르테스가 수상한 것은 일제 침략의 암흑과 지옥 같은 동족 분쟁을 치른 우리에게 특별한 의미를 준다. 그는 나이 15세에 아우슈비츠에 수감되었던 참담한 경험을 그의 모국어로 절절하게 소설에 담아냈다. 그 후 그는 소설을 쓸 때마다 아우슈비츠를 떠올린다고 고백했다. 한 작가의 경험은 역사를 증언하고 민족을 대변해준다.

신문의 기사 위로 또 하나의 얼굴이 겹쳐졌다. 내 목숨의 그림자가 무거울 때면 기도의 향심으로 다가오는 사람. 가슴에 16670이라는 숫자 표를 달고 그 무서운 아우슈비츠 아사감방에서 조용히 죽어간 한 사제의 모습이다.

폴란드에서 출생한 막시밀리안 콜베 신부는 나치의 점령 아래서 성모님 마을을 위해 헌신한 혐의로 형무소에 투옥되었다. 죽음의 수용소라 부르는 아우슈비츠는 5백만 명 이상의 유태인들이 혹독한 고문과 생체실험, 기아와 공포, 가스실에서 집단 살해된 현장이다.

1941년 7월 말 막시밀리안 콜베 신부가 있던 제14감방에서 포로 한 사람이 없어졌다. 새로운 탈출자가 생긴 것이다. 억류

된 사람들은 포로 한 사람이 도망치면 같은 감방에 있던 20명을 아사형에 처한다는 수용소장 프리치의 경고를 떠올리고 몸을 떨었다. 다음날 사형수를 선발하는 자리였다. 줄을 세워놓고 포로들을 훑어보자 팽팽한 긴장감이 감돌았다. 언제 어떻게 될지 예측할 수 없는 수용소 안에서도 지금 당장은 죽음을 모면하고 싶어하는 것이 인간의 가장 엄숙한 본능일 것이다. 수용소 소장이 20명을 호명하자 그 중 한 사람이 가족을 두고 죽을 수 없다고 울부짖었다. 그때 "저 사람 대신 내가 죽겠소."하고 나선 사람이 있으니 그가 바로 막시밀리안 콜베 신부다.

인간이 얼마나 생명에 무서운 집착을 갖는지 알고 싶으면 강제 수용소에 가보면 알게 된다는 처절한 형장, 그 속에서 자기는 늙어서 쓸모없는 사람이니 자기를 대신 죽여 달라고 청한 사제 앞에 아무도 입을 열지 못했다. 깊은 침묵이 흐른 뒤 당신은 뭐 하는 사람이냐고 소장이 물었다. "나는 가톨릭교의 사제요." 사제는 15일 동안 물 한 방울 적실 수 없는 지하 아사감방에서 다른 사람들을 모두 감화시켜 평화로운 임종을 돕고 서서히 풀잎처럼 말라갔다. 그래도 죽지 않자 독약주사를 놓아 최후를 맞았다.

이러한 현장을 어린 나이로 지켜본 임레 케르테스는 "살아남기 위해서는 주어진 상황을 긍정하고 순응해야한다는 것은 굴복과는 다르다."는 메시지를 작품으로 전했고, 막시밀리안 사제는 자신을 포기함으로써 많은 사람들에게 영적 자유를 주었다.

  홀로코스트의 형장에서 살아남은 사람가운데는 평생을 죽음의 악몽에 시달리거나 그 기억 때문에 자살을 한 사람도 많다고 한다. 그럼에도 그 악몽을 딛고 《운명 없는 인간》을 집필한 작가에게 뜨거운 박수를 보내고 싶다, 또한 이미 오래 전에 쓰인 작품임에도 노벨문학상 심사위원들의 심사대상이 되었으니 문학의 영원성을 다시 생각하며 그 상의 위대성을 실감한다.

  우리는 언제 선혈 낭자한 혼의 피로 쓴 작품이 탄생되어 노벨문학상 수상국가가 되어볼까.

내밀한 통로

 비둘기 집 같은 편지함을 만들어 놓고 시도 때도 없이 열어 본다. 열어보나마나 보내지 않은 편지가 올 리 없는데도 손잡이를 여는 순간 기대에 부푼다. 나는 왜 주소도 가르쳐주지 않고 날마다 편지를 기다리는가, 기다림은 시골에서의 생활이 지속될수록 더욱 간절해진다.
 어제는 콩잎에 부서지는 달빛이 좋아서 아홉 통의 편지를 쓰고 손목에 자가품이 났다. 술내도 안 나는 달빛에 취해 나이든 여자가 주정을 했다면 웃을 일이다. 하지만 그 행위의 잠재의식 속에는 내가 사랑하는 사람들로부터 잊혀진 존재가 아니라는 것을 확인하기 위함이고, 누군가 당신을 기억해 주는 사람이 세상에 있다는 신호를 보내고 싶은 **몸**짓일지도 모른다.
 정보통신시대를 증명하듯 서울 집에는 우편물이 많다. 그 많은 우편물 가운데 육필로 쓴 편지를 받는 일은 드물다. 나는 인쇄물로서 오는 편지는 모두 공문이라 하고, 육필의 글만을 편지로 친다. 장마 속에 햇빛 나듯 어쩌다 편지를 받는 날이면 며칠 동안 생활에 온기가 돈다. 가까운 문우들이 보내오는 편지는 한겨울에도 가슴에 봄꽃을 피게 한다. 그래서 말로써 주고받거나 용무로 맺어지는 우정보다 편지를 통하여 성숙시킨 우정은 다르다고 했나 보다.

평생 동안 동생 레오가 반 고흐에게 보낸 편지는 형의 미술 창작에 버팀목이 되어 주었고 베토벤도 동생으로부터 받은 편지와 도움으로 불후의 명작을 작곡했다.

나도 편지를 쓴다. 생각이 많이 나는 사람에게 쓰게 되는데 생각이 차오르면 편지가 되고 기도로 이어진다. 그렇게 쓰다보면 마음이 따스해지는 것을 느낄 수 있다. 그것은 누군가로부터 받은 온기가 재충전되어 귀환회로를 타고 돌아가는 표시일 것이다.

언젠가 남쪽으로 내려가는 길에 자운영이 핀 들녘을 만나 차를 멈추고 엽서를 꺼냈다. 즉흥적으로 쓰고 읽어보니 꼭 연인에게 보내는 엽서였다. 수신자를 생각하다가 서울 집 주소를 썼다. 이 모양을 옆에서 지켜보던 남편이 도무지 모를 일이라며 실소를 했다.

겉봉을 쓰고 우표를 붙여 우체국으로 가는 길은 발걸음이 경쾌하다. 누가 시킨 일도 아닌데, 마음에 가변차선 하나가 뚫린 기분이다. 만나서 말하거나 전화로 말하기가 거북한 경우도 편지로 쓴다.

내가 실수해서 마음의 상처를 준 사람에게 편지로써 용서를 청하고 고마운 사람에게는 감사의 마음을 전한다. 또 슬픔에 잠긴 이에게 위로를 보낼 때는 오래된 숙제를 끝낸 기쁨을 느낀다. 말로 전한 마음은 와전되기도 하고 분위기로 알아차린 마음은 포장도 되지만 편지는 고지식하다. 그래서 밤에 쓴 편지는 낮에 꼭 한 번 읽어보고 보내라 했나 보다.

점점 편지 받기가 어려워질 것 같다. 바쁘게 사는 우리 생활이 마음의 여유를 앗아가 버렸고 손전화나 인터넷 메일이 있어 세계 곳곳에 소식을 앉아서 주고받는다. 빠르고 편리한 것은 사실이나 감정 없는 기계 앞에서 막막해질 때가 있다. 활자가 정연하고 인쇄가 선명하다 해도 연필에 침 발라가며 삐뚤빼뚤 문안편지를 쓰던 정감을 어디서 찾겠는가.

가정의 이음새가 튼튼해지려거든 편지를 쓰라고 권하는 사람이 있다. 떨어져 사는 부모님께는 안부 편지를 올리고, 자녀들에게는 도시락 편지를, 어깨 처진 남편에게는 주머니 편지를, 갱년기 아내에게는 장밋빛 카드를 보내면 그것이 이 험한 세상을 건너가게 하는 징검다리가 될 수 있을 것이다.

좋은 편지는 고통받는 사람의 하루를 뒤바꿀 수 있고 오래된 미움의 감정을 몰아내기도 하며 사랑은 더욱 강하게, 신뢰는 더욱 깊게 상승작용을 할 것이다.

나는 또 편지를 쓸 것이다. 그것은 차디찬 유리방에 길을 내는 작업이다. 물리적인 힘이야 어려울지 몰라도 내밀한 통로는 유리를 뚫고 무쇠도 뚫는다.

그대를 생각하기만 하면 주소가 없이도 맞닿을 수 있는 마음이 가는 길을 알고 있기 때문이다.

다시 고요

　리을 발음이 부실한 어머니는 왼 종일 "누누야."를 입에 달고 산다. 식사를 하거나 간식을 드실 때도 목사리에 매어있는 강아지를 힐끔거리다 보는 눈이 없으면 먹을 것을 슬그머니 던져준다. 그러면 질색하는 사람이 있다.
　사람들은 우리 집을 절간 같다는 말로 표현한다. 한 달에 한 번쯤 막내아들이 출장을 왔다가 들리는 날 외에는 빈집처럼 조용하다. 이제는 기력조차 굼뜨신 노모님은 올해 93세시다. 거의 집안에서 지내며 유일한 낙이라고는 베란다에 있는 화초에 물주는 일과 텔레비전 보는 일이다. 조는 듯 눈감고 보는 채널은 정해진 것이 없다.
　완고한 고요를 깨고 기척이 나기 시작한 것은 바로 루루라는 진돗개 강아지가 오고서부터다. 루루는 강아지지만 의젓한 구석이 있다. 다른 애완견들처럼 요사바사 재롱을 떠는 것이 아니고 수줍음 타는 처녀처럼 고개를 외로 꼬고 다가올 때면 저절로 팔을 벌려 안아주게 된다.

  노르스름한 털빛에다가 갸름한 얼굴, 특징이라면 꼬리가 도르르 말려 올라가고 발굽이 크고 두텁다. 아침에 베란다 문을 열고 나가면 길길이 뛰어오르며 오줌을 지리는데 반가움의 표현이 생리적으로 나타나는 모양이다. 내 다리를 끌어안고 이빨로 자근자근 씹기도 하고 제 키랑 같아지면 어김없이 입술을 더듬는다. 사람들이 애완견을 기르는 이유가 바로 이 무조건적인 사랑 표현 때문이 아닌가 싶다.

  어쨌거나 루루가 우리 집에 오고부터 사람 사는 기척이 나는 것은 사실이다. 절간 같다는 집에 두런두런 주고받는 말소리가 난다든지 언성을 높여 야단치는 목소리가 유리창을 넘어갈 때도 있으니 하는 말이다.

  어머님 다음으로 루루를 챙겨주는 사람은 바로 남편이다. 남편은 루루의 배설물을 치워주고 목욕을 시키며 하루 세 끼 밥을 준다. 가장 헌신적이다. 뿐만 아니라 농장으로 출근할 때면 가방처럼 생긴 개집에 루루를 들여보내고 차 트렁크에 태워 동행한다.

  처음 농장에 데리고 갔을 때는 목사리를 풀어 주었다. 제 세상 만난 듯 넓은 농장에서 활개를 치다가 보이지 않아 소리쳐 불러보니 들은 척도 않고 쓰레기장을 헤집고 있었다. 진돗개

순종이고 족보까지 있다고 해서 점잖은 줄 알았더니 개의 본성은 어쩔 수 없었다.

그 후부터 다시 자유를 박탈당하고 목사리에 매인 신세가 되었는데 그래도 아파트 베란다보다는 열 배 낫지 싶다. 남편이 일을 할 때면 저는 댑싸리 그늘에서 늘어지게 자고 때 되면 사료를 먹으면 되는 것이다.

어느 날 남편이 혼자 점심을 먹으며 개밥 주는 것을 깜박 잊었다고 한다. 집에서 나는 달그락 소리를 들었는지 제 빈 밥그릇을 핥고 굴리며 더 요란하게 소리를 내서 식사를 하다 말고 사료부터 주었다고 한다.

날이 저물어도 꾸물거리고 있으면 집에 가자고 보채는 모양이 어린애를 보는 것 같다. 마지막 하는 일이 한 가지가 있다. 하루 종일 흙에 뒹굴었으니 발을 씻기는 일인데 이때 남편의 모습은 자기 자식의 발을 씻겨주는 표정이다. 먼저 대야에 물을 떠다 놓고 수건을 무릎에 덮는다. 나보고는 루루의 몸통을 안고 있으라고 한다. 생각 같아서는 네 발을 모아 한꺼번에 물에 담갔다가 건지면 되는 것을 남편은 열나절을 씻긴다.

우선 앞발을 물에 넣고 발가락 사이까지 닦는데 가만히 있을 리 없다. 낑낑거리고 으르렁거리고 발광을 하면 "가만있어, 루루 착하지?" 하며 어르는 목소리가 그렇게 부드럽고 나긋할 수가 없다. 발을 씻기고 나면 수건으로 닦는데 또 열나절이다. 성미 급한 나는 빨리 집에 가서 저녁밥을 지어야 하기에 열통이

터진다. "아, 빨리 해욧. 그까짓 강아지를…." 그러면 남편은 루루를 보고 "샘이 나는 기라." 한다.

땅거미 지는 저녁 루루와 함께 퇴근하는 남편의 얼굴은 좋은 사람과 데이트라도 하고 오는 사람 표정이다. 저녁 식탁에서도 루루가 무엇을 어떻게 했다는 보고로 시간 가는 줄 모른다. 언제 저 양반이 저렇게 말을 많이 했던 적이 있었던가.

남편과 루루가 집에 있는 날에는 어머님의 말씀이 길어진다. 날마다 무료해서 짜증이 난다던 분이 누누가 똥을 쌌다, 누누가 오줌을 쌌다, 누누가 화분에 올라서서 밖을 내다봤다. 등등 시시콜콜한 이야기를 이 방 저 방 다니며 바빠 죽겠는 시늉으로 보고를 하는 것이다.

한 달쯤 지나자 키가 부쩍 컸고 개집에 넣어 들고 다니기도 버거워졌다. 힘에 부치는 것은 문제가 아니다. 짖는 일이 없었던 루루가 어느 날 아침부터 짖기를 시작한 것이다. 특히 아이들이 떠들썩하게 노는 때면 저도 한 몫 하려는지 앞발을 창턱에 터억 올려놓고 뒷발은 까치발까지 쳐서 얄궂은 목소리를 냈다. 저 놈이 필시 변성기라 그런가 보다고 아직은 안심을 했는데 일주일이 못 가 우렁우렁 본 목소리로 짖어대는 것이 아닌가.

이웃들이 개가 왜 그렇게 빨리 크느냐고 묻는 것도 무리는 아니다. 굶어죽지 않을 만큼 반 컵씩 주는 사료만 먹고서는 어림없는 일일 것이다. 어머님이 구멍구멍 챙겨 먹이는 것이 탈이다. 사실 나라고 루루가 크는 것이 싫은 것이 아니다. 저런 속도로 크다가는 앞으로 한 달을 버티기가 어렵다.

　아파트에서 개를 기른다는 것은 규칙상 안 되는 것으로 알고 있다. 시도 때도 없이 짖어대는 개의 입을 막을 수도 없고 이웃들의 안면방해로 지탄을 듣는 일은 지당하다. 그런데도 속도 모르고 어머님은 과자며 과일이며 닭다리까지 선물공세를 펼치고 있다. 예상 밖으로 그 날은 빨리 왔다. 관리실에 누가 신고를 했다는 것이다. 난감했다. 정이 든 루루를 어떻게 할 것인가.

　루루가 떠나는 날 남편은 하루 종일 자기 방에서 나오지 않았다. 세 사람이 자기 방식대로 사랑했던 순간들이지만 우리는 그만큼 행복했고 즐거웠다.

　연못물에 돌을 던지면 그 순간 퐁! 하고 물무늬가 지다가 다시 고요해지듯 우리 집도 평상시로 돌아왔다. 어머님은 예전대로 텔레비전 앞에서 조는 듯 앉아 있고 남편은 신문만 뒤적거리고 있다.

당신의 봄

 머리가 허연 아들이 이름표를 단 어머니를 모시고 나들이를 한다. 단명한 사람들 같으면 그만큼 살지도 못할 60년을 해로 하시다가 아버님이 타계하시자, 어머님의 양쪽 날개 부러지는 소리가 났다.
 일체의 외출을 피하고 궤연을 지키고 앉아 낮이나 밤이나 시름에 겨워 우시는데, 78세 미망인 망부의 한이 너무도 사무쳐서 곁에 있기가 민망스러웠다. 그도 그럴 것이, 아버님 말고는 친구며 이웃이 없고 보니, 지아비 떠나실 제 넋은 챙겨 보내고 남은 것은 노구뿐인 듯하였다.

 이야기책을 읽어 드리고 모시고 외출을 해 보아도, 어머님의 표정은 영정하기 이를 데 없다. 아침저녁 궤연에 진짓상을 올리면 어머님은 으레 상 앞에 다가와 생시처럼 맛깔스러운 찬을 사진 가까이 놓으시며 "많이 드시우." 인사를 한다. 아버님의 영혼이 사진 앞에 계시리라 믿는 것일까? 흰 국화 꽃잎 한 장 시들 사이 없게 손질하고, 당신 세수하듯이 향로며 촛대를 닦는다. 그러한 행위로 아버님께 향하는 그리움을 달래시는 눈치여서, 나는 조심스럽게 지켜볼 뿐이었다.

너무 허전하실까 봐 탈상 때까지는 당신 곁에서 지내려 했으나, 굳이 며느리를 작은방으로 보내고 가까스로 평정을 되찾아 책을 보시는 것을 보고야 일단은 안심이 되었다. 세월이 약이라고 했으니, 슬픔도 차츰 잊혀지리라고 생각하였다. 그러나 그게 아니었다.

매운바람이 유리창을 덜컹거리는 밤, 큰방에 불빛이 환했다. 몇 시나 되었을까. 이야기 소리가 들려 왔다. 텔레비전을 켜놓고 주무시나 해서 가만히 문틈으로 들여다보니, 어머님은 장롱에서 아버님 내의며 양말을 꺼내서 만지작거리며 속삭이는 거였다.

"이보우, 영감, 추워서 어쩌지요? 얇은 명주 옷 입고…. 천당에 도착했거들랑 얼른 날 데리러 오슈."

어머님이 아시면 무안타실라 싶어 발소리 죽여 돌아와서 오랫동안 잠들지 못했다. 짝이 무엇이기에 유명을 달리해도 저렇듯이 사무쳐 하는 걸까. 부부가 아니라도 그만큼 함께 지내면 혼까지 하나가 되는 것인가?

자식들이 정성을 다하여도 아버님의 빈자리는 채워지지 않으니, 그래서 열 효자보다 지아비가 낫다고 하는가 보다. 숨도 크게 못 쉬고 노심초사하자니 야속스러운 생각이 들었다. 반백 년이 넘게 같이 사셨으면 무던하실 터인데, 이제 비탄에서 놓여나서 위엄 있는 당신의 자리에 앉으셨으면 했다. 하지만, 남편의 생각은 달랐다. 길이 험할수록 길동무는 손을 더 꼭 잡는 법이고, 노년일수록 서로 버텨 줄 짝이 있어야 한다는 것이다. 사실은 아버님이 홀로 되었으면 생목숨이라도 끊을지 누가 아는가?

정이 깊어지는 것은 언젠가는 이별해야 하는 사람에게 두려움이다. 우리 내외가 여러 날을 고심하다가 노인 대학을 찾아나섰고, 급기야는 아들 손을 잡고 입학을 하시게 된 것이다.

노인 대학에 견학을 간 날, 어머님은 수줍어서 인사말도 변변히 못하고는 며느리의 등뒤로 숨으셨다. 우리가 앞니 빠진 일곱 살 적 어머니 치맛자락에 매달려 처음 학교에 갔을 때 같다.

따지고 보면 철들고 처음의 외출이실 터이다. 유달리 정이 도타운 분이라, 내외분은 어디에서나 함께 계셨다. 국내외 여행에서, 집안의 대소사의 자리까지 마치 손과 발이었다.

바람이 몹시 불고 추운 날, 백일 탈상을 마치고 우리는 산소에 갔다. 어머님은 그 큰 아버님의 산을 놔두고 양지바른 골짜기에 홀로 잠드신 지아비를 오랫동안 바라보며 무슨 생각을 하셨는지, 마다하던 노인대학 입학을 허락하셨다. 아마도 봄은 얼어붙은 겨울을 지나야 오는 우주 생멸의 질서를 가늠하셨을까?

적막의 잠에서 깨어나는 대지에 서기가 서리듯이, 당신 평생의 가장 길고 추운 겨울을 지나 어머님의 가슴에도 훈풍이 불기 시작한다. 희미한 눈동자에 생기가 돈다. 오늘 아침에도 어머님은 거울 앞에서 하늘 빛 스웨터를 입다가 뒷전에 선 나에게 "에미야, 괜찮니?" 물으시는데, 목소리가 조금 들떠있다. 새로 사귀는 친구 분이며, 매일 배우는 여러 가지를 대단히 재미있어 하신다.

아침마다 도시락 가방을 챙겨 가지고 골목으로 나가서 "어머님, 차 조심하세요." 당부를 하며, 아드님과 함께 손잡고 걸어가는 모자를 바라보니 만감이 서린다.

인생유전人生流轉.

베풀고 받는 관계, 다만 의무가 아닌 사랑의 수혜여서 아름다운 게다.

삭풍에 뿌리 뽑히는 아픔을 이겨내고 잠깨는 만상과 함께 소생하시는 나의 어머니, 늦봄도 봄일진대 부디 만화방창晩花方暢하소서.

마로니에

 파란 눈의 수녀님이 운전하는 차를 타고 부르터이 수녀원으로 가는 길 가에 줄지어선 나무들이 안내를 하는 듯이 보였다. 어디선가 본 듯한 눈에 익은 나무들, "아, 마로니에!" 내 작은 목소리를 들었는지 수녀님은 백미러로 쳐다보며 "마로니에?" 하고 웃었다. 이렇게 나의 두 번째 프랑스 방문은 마로니에의 만남으로 시작되었다.

 처음 파리에 갔을 때는 8월 초였는데 유감스럽게도 마로니에를 한 그루도 보지 못했다. 세계 4대 가로수 중의 하나이며 특히 파리의 가로수로 유명한 칠엽수, 마로니에를 보기는 보았을 텐데 기억이 나지 않는 걸 보면 나무와의 만남도 시절 인연이 닿아야 하는가 보다.

 유서 깊은 마로니에 가로수는 보불전쟁 당시 모두 베어지고 지금은 플라타너스가 많이 심겨졌으나 그래도 파리의 가로수는 마로니에로 기억되고 사랑받고 있다. 어느 나라이건 그 나라의 인상을 대표할 만한 나무나 꽃을 갖는 것은 바람직한 일인 것 같다. 러시아를 다녀온 사람들은 자작나무숲을 마음에 담아오고 태국하면 정열적인 부겐베리아꽃이 먼저 생각난다.

모두 휴가를 떠나고 헐렁한 시가지에 고색창연한 건축물들과 조화를 이루며 마로니에는 귀풍스런 모습으로 늦더위를 식혀주고 있었다. 그러나 내가 정작 마로니에와 깊은 정을 나눈 것은 파리에서 기차로 3시간 거리에 있는 렌느의 대수도원에서다. 일주일을 보아도 다 못 본 아름다운 수녀원에는 높이가 30미터가 넘는 마로니에 숲이 많다. 특히 내가 유숙하고 있는 건물 앞에 성당 지붕 높이의 마로니에가 두 그루 있는데 연두색 가시가 달린 열매가 열려 있었다.

막내 동생이 수녀로 있는 그 수녀원에서는 15분마다 종이 울린다. 대수도원의 고요를 가르고 종소리가 맑게 퍼지면 나무도 나붓이 고개 숙이고 기도하는 것 같았다. 종소리를 들으며 그곳에서 지낸 일주일은 내 생애에서 가장 충일한 시간이었다. 딱딱한 침대 하나에 책걸상이 한 벌, 간단한 장롱이 전부인 공간에서 누린 내적 평화는 깊고 오묘했다. 하루에 다섯 번 기도를 바치는 수녀님들과 함께하면서 매일 미사를 드리고 묵상하는 시간들이 천상에서 지내는 느낌이었다.

수녀원 2층 창에서 내다보면 프랑스의 한적한 시골 밀밭이

화폭이 되고 띄엄띄엄 있는 농가들이 평화로웠다. 오후가 되면 그림자가 호수에 내려앉는 목장과 숲은 아름다운 구도의 풍경화였다. 문득 반 고흐가 불후의 명작을 그릴 수 있었던 것은 이런 자연환경의 영향도 컸으리라는 생각이 든다.

없는 듯이 있으면서 가난한 노인들을 통해 님께 드리는 수녀님들의 자헌自獻이 지극하고 성스러워 문득문득 세속의 옷을 벗고 싶다는 충동을 받았다. 수도자의 삶을 살기에는 터무니없이 때묻었으나 목부가 되고 꽃수녀가 되어 님의 품에 촛농으로 녹아버릴 수 있다면….

그 무렵 어느 새벽, "언니야, 창문을 열어 봐. 저 나무 잎새들이 살 비비는 소리가 들려?" 하는 동생의 말에 창문을 열었으나 내 귀에는 아무 소리도 들리지 않았다. 가만히 보고 있노라니 실바람에 저들끼리 몸 부딪치는 움직임이 들렸다. 쇄아 하다가 슈슈슈 하는 것 같은 소리, 금세 가슴께가 서늘해 왔다. 새벽미사를 보고 산책을 나설 때면 일부러 나무 밑에 서서 뿌리의 맥박을 짚어 보았다.

어쩌면 이 큰 나무는 은자 같은 모습으로 세속의 옷을 벗고 싶어하는 내 푸념을 들은 것처럼 수도자의 옷을 벗고 싶다는 젊은 수녀의 독백도 들었을 것이다. 그러면서도 들어만 주고 대답은 하느님께 맡긴 채 오늘도 고요히 기도만 하고 있다.

피레네산 밑 루르드까지 15일간의 순례를 마치고 다시 파리로 돌아온 날, 마로니에 잎새에는 이별이 물들고 있었다.

바람에 흩날리는 낙엽 사이로 버버리 코트를 걸친 노신사가 천천히 걸어가고 쓸어 모은 낙엽더미에는 이브 몽땅의 샹송 한 소절이 쓸쓸한 시간 위로 지나가고 있었다.

묵시默示의 새벽

"내일은 단수입니다, 물 준비를 하세요."

반장의 뒷모습이 사라지기 무섭게 빨랫감을 꺼내 세탁을 하고 그릇이라는 그릇에는 물을 받아 놓았다. 단 하루의 단수가 아니고 영원히 단수일 것 같은 무서운 갈증을 느끼며. 때때로 그런 일을 종종 만난다.

어느 가을이었다.

마지막 소독을 잘못하여 한 해 과수 농사를 망쳤다. 잎이 벌겋게 오그라들더니 급기야는 잘 익은 사과 표피에 약해가 생겼다. 모양이 바르고 과육이 실하며 때깔이 고와야 상품 가치가 높은데 큰일이었다. 실망한 나머지 식구들은 행랑어멈 내외를 데리고 논으로 나갔고 혼자서 집을 보며 사과밭에 퍼질러 앉아 사과 꼭지를 따고 있었다.

욕심의 군살 탓인지 사과가 실하고 시세가 좋으면 육신의 고달픔도 잊고 일이 재미가 나는데 그렇지 못한 때는 노동 자체가 지겹기만 했다. 산더미처럼 쌓여 있는 사과더미에 혼자 하는 일이어서 일은 줄지 않고 허리가 결리고 팔이 아파왔다. 진심을 말하라면 질력이 나는 것이었다. '에라 모르겠다.' 풀섶에 누워버렸다.
 하늘이 아득히 멀었다. 무애無涯의 하늘 끝 어디쯤에선지 솜털구름이 피어올랐다. 흰색과 보라색이 어우러진 구름이 밭을 일구듯 점점 넓어져갔다. 이쪽에서 피어나는가 하면 저쪽 수정산 꼭대기에서는 사라지고 있었다. 누군가 삶이 무엇이냐고 물은즉,
 생야일편부운기(生也一片浮雲起)
 사야일편부운멸(死也一片浮雲滅)
 이라 하지 않았던가. 구름을 보고 있으려니 삶이란 한 가닥 구름이 일어나는 것이요, 죽음이란 한 가닥 구름이 사라지는 것이라는 명답이 절실해졌다. 바람이 스치는지 풀잎들이 얼굴을 간질인다. 씨를 밴 풀잎이 머리에도 가슴에도 씨를 쏟아놓는다.
 그때 건너편 아까시 울타리에 섞여 있는 가죽나무 잎이 후두둑 떨어져 내렸다. 넙적한 잎이 떨어지는 무게에 못 이겨 아래 이파리가 후두두둑 또 떨어졌다. 팔베개를 하고 누워 잎이 지는 모습을 바라보았다. 계단식 밭이어서 제일 위쪽 언덕에 핀

억새가 흔들리고 어디선지 미루나무 잎새 하나가 팔랑팔랑 날아와 내 옆에 누웠다. 몸을 반쯤 일으켜 내려다보니 제일 아래 밭 봇도랑 둑에 심어놓은 미루나무가 바람이 잔잔한데도 나무는 흔들리는지 우수수 잎을 털어내고 있었다.

가죽나무 잎이 많이 가진 자의 떠나는 모습이라면 미루나무 잎새는 빈손의 수도자가 떠나는 모습이 아닐까. 물질의 많고 적음의 문제만은 아니다. 세상 것에 애착이 많으면 많을수록 두고 떠나는 안타까움에 더 고통스러울 것이다. 아마 그 가을 젊은 나이로 세상을 떠난 다복했던 친척의 마지막을 본 탓일까. 임종 하루 전 그는 내 손을 잡고 살고 싶다고, 죽음의 고통이 두렵다고 몸부림쳤다. 속수무책으로 서있던 나.

그가 가고 난 12월, 떠나간 이들이 보금자리로 찾아오는 계절에 빈자리를 바라보는 아픔은 통증이 되었다. 아무것에도 애착하지 말자고 다짐했다. 근 일주일 동안을 잠들지 못했다. 지나온 내 삶의 갈피까지 후회로웠다. 정말 다시 그릴 수 있는 그림이라면 모두 지워버리고 새롭게 그리고 싶은 삶, 창이 부옇게 미명을 알렸다. 무겁게 아파오는 머리를 식히려고 창문을 열었다.

오, 아름다운 새벽! 밤사이 첫눈이 대지를 안았구나. 빈 벌판에 나의 과수원은 커다란 수묵화를 그려놓고 묵시의 새벽을 맞이하고 있었다. 뜰로 내려섰다. 발목까지 쌓인 애애한 눈빛에 충혈된 눈이 부셨다. 모든 것이 정지된 상태, 참으로 기묘한 것은 눈을 맞고 선 사과나무의 모습이었다. 굵은 가지에는 많이, 잔가지에는 조금씩 그 나무의 굵기에 비례해서 눈은 공평하게 쌓여 있었다.

그것은 깨달음이었다. 우리들 삶 누구에게나 자기 몫의 기쁨이 있고 고통이 있다는 사실, 삶이 있으면 죽음이 있고 죽음이 있어야 영생이 있다는 사실이다.

반장이 단수를 예고하고 가듯 죽음을 예고해 줄 저승 반장이 없다 해도 하루하루를 눈 온 새벽 맞이하듯 정갈하고 겸손한 마음으로 맞고 보낼 일이다.

아르바뜨 거리의 촛불

 여기는 북구의 우수가 빗방울로 후득이는 모스크바, 아르바뜨 거리다. 젊은이들이 무리지어 기타 치며 노래 부르고 이젤을 받쳐놓고 초상화를 그리는 화가도 있다. 그렇다고 파리의 몽마르트 같은 분위기는 아니고 약간 침울한 느낌이 든다.
 옛날에는 귀족들의 저택이 한적하게 늘어선 곳으로 푸슈킨, 레르몬토프, 게르첸, 고골리 등 러시아의 위대한 작가들이 뛰놀고 책 읽으며 어린 시절을 보낸 곳이기도 하다. 지금은 우리나라 홍대 앞같이 젊은이들이 가장 많이 모이는 보행자의 거리다.
 나는 지금 낙서로 뒤덮인 벽 앞에 섰다. 이 벽을 일러 어떤 이는 '통곡의 벽'이라 하고 혹자는 '빅토르 최의 벽'이라 부르기도 한다.
 할 말이 얼마나 많으면 블록 담벽을 가득 채운 것일까. 러시아 글씨라서 한 마디도 건질 수 없지만 왜? 라는 의문부호가 벽보다 더 크게 압도한다.

낙서 벽 가운데 하단을 헐어 만든 아치형 제단에 색 바랜 사진 한 장이 붙어 있고 두 자루의 촛불, 수북이 쌓인 담배 가치. 시들어 가는 장미를 스포츠 모자를 뒤로 쓴 러시아 젊은이가 지키고 있다.

사진을 바라본다. 제멋대로 흩날리는 검은 머리칼, 허공을 바라보는 초췌한 눈동자, 어디서 많이 본 듯한 얼굴이 다가온다. 절규하듯 외쳐대는 마른 목소리의 주인공을 기리기 위해 눈이 오나 비가 오나 촛불이 타고 있다. 담뱃불이 타들어 간다, 시들 새 없이 무명의 마음들이 바쳐지고 있다.

그들이 빅토르 최라고 부르는 이 청년은 한마디로 까레이스키다. 일본에 의해 사할린으로 강제로 끌려간 우리의 선조들, 한 많은 세월을 타국에 살면서도 한국 성姓을 끝까지 끌어안고 산 한인 3세 록 가수다.

그는 1962년 6월 21일 구소련 레닌그라드에서 한국인 2세 아버지 로베르트 최와 러시아 어머니 발렌찌나 사이에서 태어났다. 14살 때 미술학교에 다녔으나 음악에 끌려 중도 하차하고, 청년기에는 러시아 소녀를 사랑했으나 소녀의 아버지에게 퇴짜를 맞았다. 학교에서는 불온한 정서가 있다는 이유로 제적당했으며 한때는 KGB의 주시를 받기도 했다.

이러한 환경 속에서 그는 20세 때에 4인조 그룹 끼노를 구성하여 10장의 음반을 발표했고, 계속하여 뿌리 잃은 자유인의 고통을 내부로부터 분출하듯 노래를 불렀다. 그 노력이 헛되지 않아 84년부터 젊은층과 소외계층으로부터 폭발적인 지지를 받았다. 때로는 반전을 외치는 노래로 때로는 넋을 사르듯 철학적이며 시적인 노랫말로 청중을 사로잡았다.

1990년 10만 군중을 동원한 모스크바 올림픽 경기장 공연을 마지막으로 8월 15일 의문의 교통사고로 사망했다. 그는 그때 오랫동안 꿈꾸어 오던 한국 공연을 두 달 앞두고 있었다.

애석하게도 28세 꽃다운 나이로 요절한 빅토르 최, 그가 떠난 지 10년이 되었어도 그를 추모하는 열기는 좀체 사그라질 줄을 모른다. 지금도 그의 생일이나 기일에는 러시아 전역에서 그를 기리기 위해 젊은이들이 아르바뜨 거리로 모여들어 추모 연주를 한다.

저항정신과 대중문화의 물신숭배 그리고 비타협적인 록 뮤지션이라는 이미지를 기막히게 조합시킨 러시아 대중문화계의 신화적 존재라고 평가받는 빅토르 최. 러시아인들은 페레스토로이카의 대가로 그를 데려갔다고 하고, 어떤 이는 소련체제 붕괴의 한 원인에 그의 음악이 일조를 담당했다고 꼽기도 했다.

까만 눈동자 까만 머리가 발목을 휘어잡는 아르바뜨 거리, 그의 핏속에 흐르는 유전인자가 나의 핏속에도 동일하게 흐른다는 유대감이 자꾸만 목울대를 아리게 한다.

인터뷰에서 그가 한 말이 생각난다. 사회자가 어떤 자격으로 무대에 서느냐는 물음에 그는 당당하게 아마추어 자격으로 무대에 선다고 대답했다. 생계를 위해서 지하 보일러실에서 화부로 일하며 빵을 벌고 짬을 내어 기타 연습을 한다는 그, 그러나 내가 정작 감전한 듯 전율한 것은 그는 필요하기 때문에 노래를 쓰는 것이 아니라 주위에서 일어나는 문제점들이 그를 흥분시키기 때문에, 강력한 내적 욕구가 있어 쓰고 노래한다는 것이다. 아무것도 두려워하지 않았고 철저하게 독자적이었다.

오늘날 모든 예술에 있어 정직이라는 단어의 뜻이 퇴색하고 있다. 우리처럼 자유로운 창작의 시대에 말이다. 세상과 타협하자면 정직에서 멀어진다. 빅토르 최가 살았던 러시아의 1990년대 그 암울한 체제 속에서 자유롭고 정직하게 자기 노래를 쓰고 불렀다는 것에 의미를 두고 싶다. 어찌 보면 남 앞에 드러나기 싫어하고 내성적인 그가 이렇듯 강한 내면을 구축할 수 있었던 것은 자신에게 정직한 그만의 철학, 그만의 생활방식이 있었기 때문이 아닐까. 중요한 것은 자기 자신으로 살고 자신으로 남는 일일 것이다. 지금도 타고 있는 저 촛불은 그가 못다 부른 노래이고 저항이고 사랑이리라.

철학이 부재한 이 시대에 나는 그가 밟고 지나간 아르바뜨 거리에서 빅토르 최, 그가 할 수 있는 최선의 방법으로 자기 삶을 거침없이 살다간 내 동족에게 마음의 촛불 한 자루를 밝힌다.

시골편지

이번에도 원고를 보내지 않으면 세상에 없는 줄 아실 것 같아서 어렵게 펜을 듭니다. 궁금하셨지요. 고향으로 내려간 뒤 5, 6여 년 세월이 흘렀어도 이렇다할 기척이 없으니까요. 도대체 무엇을 하며 시간을 보냈는가 물으시는 군요.

농사를 지었습니다. 봄부터 가을까지 농막에 머물며 농사를 지었지요. 가을에 거둬들이는 수확이야 땀에 비해 보잘것없다 해도 콩이며 팥, 사과나무를 기르는 재미가 글쓰는 일보다 컸습니다. 또한 자급자족이라는 생활의 철학이 귀중한 체험을 주었구요.

어떤 분은 왜 글을 안 쓰느냐고 전화를 주시기도 했습니다. 글뿐만이 아니라 문학이나 동창모임에도 나가지 않았습니다. 그렇다고 옛 인연들을 칼로 무 자르듯 잘라버린 것은 아닙니다. 문득 문득 간절하게 그리웠지만 그리움도 참고 나면 보석이 된다는 걸 터득하는 중입니다.

교수님,

지금은 새벽, 제가 하루 중 가장 사랑하는 시간입니다. 농작물을 한 바퀴 돌아보고 들어와 컴퓨터 앞에 앉았습니다. 얼마 전 동양일보에서 "이 여름에 띄우는 편지"라는 난을 기획한 일이 있습니다. 글과 그림과 사진이 함께 한 참신한 지면이었다는 평이었는데 거기 발표했던 글을 잠시 옮겨 보겠습니다.

"신 새벽에 일어나 토란밭을 맸습니다.

안개가 산허리를 휘감은 걸 보니 오늘도 무더우려나 봅니다. 낮에는 밭에 나가기가 엄두가 나지 않아서 새벽일을 합니다만 건강한 몸으로 일할 수 있다는 사실이 벅차옵니다.

이슬에 옷이 젖어 흙 두더지가 되었어도 마음은 정갈하고 활기에 찹니다. 이런 새벽을 아시는지요. 밭에 들어설 때면 신부터 벗는 요즘의 나는 노동으로 하루를 여는 이 시간이 손으로 드리는 기도입니다. 풀을 뽑고 북을 주며 목숨이라는 단어가 생생하게 느껴지는 순간이 있습니다.

농사를 짓기 전에는 역사는 한순간에 이루어진다는 생각을 쉽게 했습니다. 그러나 촛대에 불을 밝힌 호박꽃이나 사과들이 어느 날 갑자기 꽃 피고 열매 맺는 것이 아니라 매일 멈추지 않고 고만큼씩 자랍니다. 얼마나 충실하고 정직합니까. 그 작은 생명들은 나에게 허황된 걱정을 떨쳐버리고 하루하루씩 살라고 일러줍니다.

여름이 사람들을 더위와 무기력에 시달리게 하지만 땀 흘리며 일하는 사람들에게는 은총의 시간입니다. 그들은 뿌린 땀의 응답을 체험으로 알기 때문입니다. 나는 이 새벽 당신을 땀의 현장인 나의 농막으로 초대합니다.

오늘 하루를 새 것으로 받았으니 새 마음으로 시작해 볼까요."

여기까지가 편지의 전문입니다. 이 편지를 쓰면서 교수님을 생각했기 때문에 여기에 옮겨 본 것입니다. 사람들은 일의 경중을 따지고 선후를 가려서 잘 사는 사람을 지혜롭다고 합니다. 또 많은 일을 하는 분들의 삶을 살펴보면 감추인 비밀이 있었습니다. 급하고 덜 급한 일들을 가릴 줄 알고 불필요한 것들을 끊어버리는 용기가 그것입니다.

누가 그랬다지요. 60대의 시간 속도는 시속 60km라구요. 그 말이 실감나는 것은 하루가 언제 갔는지 모르고 일주일, 한 달이 후딱 지나가 버리는 요즈음입니다. 마음이 바빠집니다. 이때까지는 시간도 낭비하고 감정도 낭비하며 천천히 살았습니다만 정신을 가다듬어야 되겠습니다.

농막에서 하루를 보낸 저녁, 소박한 식탁에 앉으면 91세의 노모님과 70세의 남편 이렇게 세 식구 함께 식사할 수 있는 은혜가 왜 그렇게 감사한지요. 서서히 이별의 준비를 해야하는 사람들에게는 같이 있다는 사실 하나만도 큰 행복이라는 생각이 듭니다.

　얼마 전에 헬렌 리어링이 쓴 《아름다운 삶, 사랑 그리고 마무리》라는 책을 보았습니다. 헬렌 리어링이 썼지만 남편 스코트 니어링과의 부부 이야기입니다. 그들 부부는 만남에서부터 결혼, 죽음까지도 극적입니다. 헬렌보다 스물한 살이 위였던 스코트를 만나 결혼했고 그가 백 살이 되던 해까지 반세기를 함께 살았습니다. 스코트는 특히 미국의 산업주의 체제와 그 문화의 야만성에 줄기차게 도전하다 두 번씩이나 대학가에서 쫓겨났습니다. 끝내는 뉴욕을 떠나 버몬트 숲에 터를 잡고 농장을 일구고 수많은 사람들에게 참으로 충만한 삶이 어떤 것인지를 보여 주었습니다.

　그가 백 년째 생일을 맞던 날 이웃사람들이 깃발을 들고 왔는데 그 중에 하나는 "스코트 리어링이 백 년 동안 살아서 이 세상이 더 좋은 곳이 되었다."고 씌여 있었습니다. 스코트의 삶에서 더욱 완성된 아름다움을 보여 주는 것은 백 살의 생일을 보내고 일주일 뒤 음식을 끊음으로써 평화롭게 맞이한 죽음입니다. 병들어 죽지 않고 더 이상 삶의 기력이 없어지자 스스로 막을 내린 죽음은 장엄한 것이었다고 쓰여 있습니다.

　교수님, 검소하게 살며 땅에 뿌리박은 삶이 조용한 감동으로 출렁입니다. 그들의 삶은 꼭 필요하지 않은 일은 멀리하고 간소한 집에서 간소한 음식으로 지내며 낡은 옷을 입고 필요 없는 소유를 버렸습니다.

세상일에 비위를 맞추느라 바쁘고 쓸데없는 소유의 그늘에서 허우적거리다가 제자리에 오면 적게 가지고도 많이 존재하라는 스코트의 말이 메아리처럼 울려옵니다.

 교수님, 이것이 제가 사는 모습입니다. 제가 글을 써서 세상이 좋아졌다는 확신도 없이 글을 쓰고 책을 내는 일이 점점 두려워지고 있습니다. 다만 자연의 일부가 되어 소리없이 피고지는 들꽃들처럼 전 존재를 바꿔 목숨값은 해야할 것 같습니다. 그것도 안하면 님이 절 세상에 보내신 뜻에 직무유기가 될 테니까요. 동녘에 해가 솟아오릅니다. 저도 일출하렵니다.

4부

우는 여자

유리방의 고독孤獨

바라보기

이쁘지도 않은 것이

탁발

고독한 날갯짓

사과꽃 필 때

포옹

바람이 켜는 노래

뿌리의 봄

우는 여자

 울어 에일 슬픔도 없으면서 울고 싶은 날이 있다. 울고는 싶어도 울어지지 않는 그런 날 골방에 들어가 화집을 펴본다.
 꽃봉오리 같은 아들을 떠나보낸 어머니가 아들을 기리는 마음으로 세웠다는 경주의 선재미술관에서 한 그림과 조우했다. 화제가 〈우는 여자〉라는 그림은 콜롬비아의 화가 페르난도 볼테르의 작품이다. 볼테르하면 부풀린 듯한 그림이 특징으로 상식을 파괴하고 관념을 벗어버린 특색 있는 화가라고 알고 있었는데, 마침 그곳에서 전시회를 열고 있었다. 사람과 동물은 물론 심지어는 나무나 과일, 꽃까지 그의 시선이 닿는 대상은 풍만하고 과장되어 정물까지도 특별한 유머감각과 남미적 정서를 보여 준다.
 종이에 수채화로 1949년에 제작된 그림은 굵은 선과 강한

색채만으로 우는 여자를 표현했다. 머리채가 긴 여자가 무릎을 세워 잡고 또 한손으로는 얼굴을 가린 채 벽에 기대어 흐느끼고 있다. 눈물은 보이지 않고 울음소리도 들리지 않지만 얼굴 전체를 가리다시피 한 손의 표정까지도 격렬한 슬픔을 느끼게 한다. 전라裸의 모습으로 우는 여인, 혼자 울어본 사람이라면 이 여자의 슬픔에 충분히 공감이 갈 것이다. 그런데 그 그림을 보는 순간, 내 마음속에 노래 한 소절이 새어나왔다. "사랑의 기쁨 어느덧 사라지고…. 슬픔만 남았네."하는 마르티니의 곡이다. 그림의 분위기가 노래의 이미지와 잘 어울렸다.

또 다른 한 그림은 얼굴 표정이 그대로 드러나 있다. 늙지도 젊지도 않은 여자가 눈을 내리감은 채 울고 있다. 찌푸려진 미간, 볼 위로 방울져 내리는 눈물, 반쯤 벌린 입을 수건으로 막고 있다. 사실적인 표현인데 그림을 보고 있으면 깊은 내면으로부터 표출된 진한 비애가 느껴지며 한참 뒤에는 이상한 카타르시스를 맛보게 된다. 슬픔도 녹아내리면 이슬이 되는 것일까.

속 시원히 울어 본 것이 오래된 것 같다. 어려서는 동네에 초상이 나서 꽃상여가 나가면 상주보다 더 울어서 이상한 애라는 핀잔도 들었다. 조금 자라서는 영화를 보며 너무 울어서 줄거리도 잊어먹는 일이 많았다. 한때는 가족들과 텔레비전을 시청하다가도 돌아앉을 때가 많았고 신문에서 감동적인 기사를 만나도, 병석에서 일어섰다는 친구의 소식에도 눈물을 흘렸다.

반가워도 안타까워도 솟아나던 눈물, 내 설움에 울기보다 남의 일에 더 아파하고 울던 때가 분명 있었는데 눈물이 사라져간다.

눈물이란 게 과학적으로 따지자면 미세한 분자의 염분과 산소와 수소라지만 마음이라는 강을 건너 표출되는 감정의 발산이고 보면, 눈물이 사라진다는 것은 마음이 사라진다는 또 다른 의미가 아닐까 싶다. 눈물이 메마르는 것처럼 감동이 사라진다. 어떤 대상에 순수하게 몰입될 때 감동이 되는데 명색이 작가라는 입장에서 보면 순수가 사라진다는 것은 애석한 일이다.

눈물 중에도 허물을 뉘우치는 눈물이 가장 값지다는 이야기도 있다. 회개의 눈물일 터이다. 언젠가 유태인을 대학살한 아우슈비츠, 끔찍한 역사의 현장에서 눈물을 흘리는 독일 대통령의 얼굴을 보았다. 자신의 선조들이 저지른 과오를 이리저리 부정하지 않고 솔직히 인정하고 뜨겁게 뉘우치는 모습이 큰 울림을 주었다.

어떤 이는 여자의 눈물에 속지 말라고 경고를 한다. 그러나 나는 울고 있는 사람은 악인이 아니라고 믿는다. 웃음에는 헛웃음이 있지만 울음에는 헛울음이 없다. 가끔 연속극에서 우는 장면을 볼 때면 탤런트가 그 작품에 동화되었는지 아닌지를 우는 장면에서 알 수 있다. 감정은 맨송맨송한 채 인위적으로 액체를 눈에 넣어 흘리는 경우 시청자들은 가짜구나 한다.

이 시대는 눈물이 없다. 자기 자신을 위해 흘리는 눈물보다 남을 위해 흘리는 눈물이 많을 때 사회가 정화되고 정의가 살아나겠지만, 자기 자신을 위해서도 울 때가 왔다. 무엇 하나 부족한 것이 없는 세상이고 보니 울 필요가 없겠으나, 눈물과 더불어 빵을 먹어본 사람이 아니면 인생의 참맛을 모른다는 명언의 의미를 새겨 보아야 할 것이다.

나는 오늘 마르티니의 '사랑의 기쁨'을 흥얼거리며 화집을 들고 골방으로 들어간다. 사랑은 슬픔만 남기고 흘러갔고 가슴은 텅 비어버린 오후, 이제야말로 나를 위해 울 때가 오지 않았나 싶다.

언제 하루 날을 잡아 국민 전체가 한바탕 울었으면 좋겠다. 여자가 울고, 남자도 울고 노인도 울고 대통령도 울고, 야당 당수도 울고 각료도, 법조인도, 기업주도 노동자도 대학생도 그리고 종교인까지 진정으로 자기 마음 안으로 걸어 들어가서 뜨거운 눈물을 흘렸으면 한다. 그리고 눈물에 씻긴 마음으로 다시 시작해 보면 어떨까.

유리방의 고독孤獨

시골집에 유리방 한 칸을 마련하였다. 유리방이래야 손바닥만한 베란다에 알루미늄새시를 한 것이 고작이나 투명한 유리를 통해서 열리는 공간은 사색의 방으로 손색이 없다. 온종일 햇볕이 든다. 그래선지 식구들이나 가끔 오시는 손님들도 여기 앉기를 좋아한다. 나는 새벽이면 이 방에서 조간신문을 펴든다. 그것은 잉크냄새 풍기는 인쇄물이 아니라 신선한 공기의 흐름으로 느껴지는 자연의 소식이다. 오늘 아침 뉴스는 아기새의 첫 비상이다.

유리방에서 내다보면 세상은 아름답다. 지금 뜰에는 도종환 시인으로 해서 진가를 발휘한 접시꽃이 정념을 내뿜고 있다. 있는 대로 가슴 열어 사랑을 받아 안고 한순간 후회 없이 떨어져버리는 꽃의 생애가 여인의 삶 같아 상념을 일으킨다. 질 때

깨끗한 꽃이 진정 아름다운 꽃이라던가.

유리방에서 보는 삶은 아름답다. 이슬에 젖어가며 논에 비료를 주는 농부의 모습이 목가적이라면 외다리로 서서 고개를 숙인 백로의 모습은 시적이다. 분주하게 오가는 먼 데 도로의 차들이나 돌산의 돌 깨는 소리도 생의 찬가처럼 들린다. 어떤 날은 하루의 대부분을 여기서 보내기도 하는데 밀폐된 공간도 아니면서 묘한 고독감에 사로잡힐 때가 있다.

서울 집에서 이곳으로 올 때도 유리방에 앉아서 왔다. 나뿐만 아니라 많은 사람들이 아파트라는 유리방에서 잠을 자고 자동차라는 유리방 차로 출근을 해서 빌딩이라는 거대한 유리방에 갇혀 버린다. 때로는 커피숍이라는 유리방에서 친구를 기다리고 차를 마시기도 한다.

유리방은 춥거나 덥거나 외부의 기온에 상관없이 쾌적한 온도를 유지해 주고 외부로부터 완벽하게 보호해 준다. 그래서 사람들은 아파트라는 유리방에 스스로 감금되기를 소망하는지도 모른다.

눈발 날리는 도시의 구석에서 손을 불어가며 밤을 굽고 있는 군밤장수의 시린 등과, 목숨을 내걸고 땅속에 들어가 탄을 캐는 광부의 생존을 유리방에서 어찌 가늠이나 하랴.

버스라는 유리방 차를 타고 가던 날이다. 붐비지도 않는 지방도로에서 충돌사고가 난 모양이었다. 화물트럭이 멎어 있는 옆에 오토바이가 쓰러져 있고 헬멧을 쓴 사람이 엎어져 있었다. 그 앞으로 차들은 쌩쌩 지나갔다. 사람이 생명을 잃을지도 모르는 상황을 눈으로 보면서도 그를 위해 손끝 하나 쓸 수 없는 방관자들, 거대한 것 앞에 무너지는 미세한 존재의 대비, 그것은 무서운 고독감이었다. 우리는 모두가 그런 세상에 유리방황하는 존재들일지도 모른다.

다시 뜰을 내려다본다. 접시꽃 시인에게는 애절한 사랑이 있고 목가적으로 보이는 농부에게는 힘겨운 현실이 있다. 먹이를 구해야하는 백로의 몸짓과 떨어질 돌을 산정까지 밀어 올려야 하는 오늘의 시지포스들, 보이지나 않으면 외롭기는 덜할까.

바라보기

고도에서 별처럼 떠오르는 불빛을 본다. 다섯 시간의 비행 중에 처음으로 나타난 지상의 불빛이다. 어저께 밤, 뜰에서 올려다본 하늘에는 별빛이 영롱하였다. 하늘의 별만 아름다운 줄 알았는데, 고도에서 내려다보는 지상의 불빛도 별인 양 곱다.

지금쯤 저 아래 은하의 마을에서는 가족들이 돌아와 식탁에 둘러 앉아 즐겁게 식사를 하고 있을 것이다.

전광판에는 비행속도가 8백8십6킬로미터라고 소개되는데 속도감이 느껴지지 않는다. 우주가 무한해서일까, 천지간에 점 하나로 멈추인 것 같다. 한 개의 점은 존재라 했다. 두 개의 점이 회전운동을 하다가 제자리로 올 때 만들어지는 원이 우리라면, 존재와 존재 사이를 흐르는 기류는 무엇인가.

그동안은 구름나라를 여행하였다. 기창機窓으로 보이는 구름의 도시들은 아름답지만 생명감이 없다. 하늘과 바다가 맞닿은 것을 수평선이라 하고, 땅과 하늘이 맞닿으면 지평선이라 하는데 하늘과 구름의 접선은 무엇이라 하는가. 무한대의 자연 앞에서 나는 지금 가장 작은 점 하나로 찍히고 있다.

황금빛 노을이 장관을 이루는 하늘을 지나 어둠의 장막이 드리우는 밤의 상공이다. 외기온도가 섭씨 57도 바람은 순풍이다가 역풍이다.

옆자리의 점 하나를 바라본다. 어디서 본 듯한 저 사람은 누구일까. 불빛이 은하를 이룬 동네에서 아침저녁 마주치며 산 사람, 어째서 스무 해가 한순간처럼 느껴지는지 모르겠네. 사람은 같아도 무대 배경이 바뀌면 달리 보이는 것 같다.

타인도 아니면서 때때로 타인처럼 느껴지는 사이, 마주보기 위하여, 소유하기 위하여 숱하게 충돌하고 보살피며 서로를 길들여 가는 인생 동업자, 쾌도를 벗어나지 않으려고 애를 쓰고 있다.

돌아다보면 외기온도가 절절 끓어 어설프게 지은 집이 다 녹을 뻔도 했고 역풍을 만나 좌초될 위험에 놓일 때도 있었다. 그래도 여태까지 공존하는 것은 우리가 켜놓은 불빛 때문이리라. 자식이라는 불빛, 친구라는 불빛, 보이지 않는 관계와 관계 사이를 흐르는 전류….

생각이 거기까지 미치자 다시는 돌아갈 수 없는 곳이듯 향수가 밀려온다. 불과 다섯 시간 전에 떠나온 곳이고 노상 탈출하고 싶었던 곳이건만 지상에 가장 따뜻한 곳으로 나를 당기는 것은 무엇인가. 낯선 곳에 대한 불확실한 기대와 불안을 지우려고 눈을 감는다.

망막 사이로 낯익은 골목과 사람들이 지나간다. 습관으로 지켜온 일상들, 아침이면 일어나서 창문을 열어놓고 식사준비를 하고, 청소하고, 차 마시고, 다림질하고 그릇 부딪치는 소리, 늘 뿌연 서울의 하늘, 그 아래로 골목을 누비던 두부장수 종소리, 진부하고 권태로웠던 일상들이 새로운 의미로 다가온다.

문득 생떽쥐베리의 소설 〈야간비〉이 떠오른다.

진실한 욕망이란 소박한 인간이 되어서 변함없는 풍경을 창문을 통해 보는 것과 빈곤을 가지고도 재산이 있다고 생각한다는, 야간비행 중에 강풍을 만나 순직하는 비행사 파비행의 욕망이 우리 모두의 평범하고 진실된 욕망일지도 모른다고 고도에서 생각하고 있다. 그는 시시각각 변하는 자연 앞에서 예측할 수 없는 운명을 예감했을 것이다.

가끔은 이렇게 자리를 바꾸어 보는 것이 좋을 것 같다. 그대의 자리에 나를 세워 놓고, 또 내 자리에 그대를 영접해 서로를 바라보면 빈곤을 가지고도 재산이 있다고 생각하는 파비행의 마음이 될 수 있을까.

이쁘지도 않은 것이

 끝이 보이지 않는 들판이 연둣빛으로 번져 온다. 여기 저기서 논 갈고 밭가는 경운기 소리가 활기차게 들린다. 일철이 온 것이다. 아침부터 뽑는 풀이 겨우 한 이랑이다. 이것도 일일까만 흙내를 맡으니 생기가 난다. 털퍼덕 주저앉아 뽑다가 쉬고, 쉬다가 뽑는 잡초들. 그 사이로 미풍이 손사래를 친다.
 지난 일요일에 서울에서 내려왔다. 지구의 온난화 현상으로 한동안 봄 더위가 와서 철 이른 반팔 옷을 입게도 하더니 평년 기온을 되찾자 중국대륙에서 황사가 불어 왔다. 눈이 뻑뻑했다. 닦고 보아도 침침하고 감고 있어도 뻐근했다. 병원은 감기 환자로 연일 만원이고 한번 걸리면 한두 달을 앓아야 낫는 감기를 나도 줄창 달고 살았다. 꽃철이라고는 하나 아직은 일교차가 심해서 산골짜기 시골집에서 지내기가 불편하지만 맑은 공기, 푸른 하늘을 믿고 내려온 것이다.

농촌에서는 일손이 바빠지고 있다. 비닐 온상에서 고추모가 자라고 수도전에는 볍씨를 물에 담가 놓았다. 담배를 심고 마늘밭을 매는 집도 있다. 우리도 어제는 감자 씨를 놓고 장에 나가서 밤나무 묘목을 사다 심었다. 우루과이라운드가 어떻고 북한 핵이 어떻고 심지어는 불바다가 유행어가 되어도 씨 뿌리는 사람들은 씨를 뿌리고 아기를 낳고 해는 떠오른다.

밭에는 냉이, 빌금다지, 엉겅퀴, 쑥들이 부산하게 돋아난다. 지칭개는 너름새 좋게, 달래와 씀바귀도 지천이다. 풀을 뽑으며 나물을 가려 놓는다.

아직은 꽃이 피지 않은 잡초 속에 잔잔하게 흔들리는 노란빛이 있다. 있는 듯 마는 듯 싶게 여리디 여린 것들이 땅에 붙어서 꽃대를 밀어 올린다. 꽃다지 꽃이다. 바람결에 따라 쓰러질 듯 흔들리다 바로 서는 천진스러운 얼굴들. 호미를 놓고 바라본다. 이쁘지도 않은 것이 어째서 가슴을 흔드는가. 풀꽃을 바라보는 마음으로 강물 같은 평화가 넘친다. 서울이라는 대하에서 부초처럼 부유하던 내가 양지 한 뼘 얻어서 내려앉은 기분이랄까.

내친김에 밭고랑에 엎드려 본다. 딴 세상이다. 위에서 내려다보던 꽃은 미미하고 자잘하다고 느꼈는데 엎드려 보는 꽃들은 의젓하고 출중하다. 그래, 사람이 땅처럼 겸손하다면 세상 모두가 은혜를 베풀고 있음을 알겠구나.

세상에는 크지 않아도 아름다운 삶이 있고, 힘세지 않아도 지혜로운 사람들이 있으며 연약해도 착한 일하는 사람들이 많이 있는데, 크고 화려한 것만, 잘나고 높은 것만 찾아 헤매니 고달플 수밖에 없지 않은가.

나는 지금 이쁘진 않지만 사랑스럽기 짝이 없는 풀꽃 속에서 새로운 우주가 열리고 있음을 보고 있다.

탁 발

 파간의 하늘에 석양이 물든다. 천 년의 시간 속으로 들어가서 잔시타 동굴에 앉아 본다. 한 사람 앉으면 알맞은 공간에서 성불하기 전에는 나가지 않겠다는 일념으로 참선한 옛 선사들, 그들의 발자취를 더듬으며 미얀마의 성지를 밟고 있다.

 동굴은 반지하의 건물로 축조되었고 내부는 어둡고 긴 복도의 형태로 이루어져 있다. 깡마른 여인이 문 앞에서 건네준 촛불로 비춰 본 벽과 천장 그리고 바닥까지 그려진 프레스코 벽화를 본다. 깨달음의 긴 고행에서 잠시 쉬었던 흔적일까. 그림도 꽃이나 불상과 탑이다. 한기가 든다. 모든 욕망을 접어 둔 채 탁발로 연명하며 오로지 낳고 죽음에서 벗어나는 자유를 꿈꾸었던 사람들, 지금 그들은 어디에 있는가.

 새벽 거리에는 승려들이 한 줄로 서서 탁발을 나가는 모습을 많이 본다. 어깨가 다 드러나는 자주색 승복을 두르고 손에는 바리때가 들려 있다. 신기하게 바라보던 나는 걱정이 되었다. 시골에는 아직도 호롱불을 켜고 사는 가난한 나라에서 떼를 지어 다니는 스님들의 바리때를 누가 채워 줄지, 그러나 그것은 기우였다. 미얀마 사람들은 없으면 없는 대로 가난도 업이요 고생도 업이니, 이승은 접어두고 내생에 잘 태어나기를 바라서 복 짓기를 잘한다고 한다. 끼니때가 되면 식구들의 몫에서 조금씩 덜어 문 앞에 내어놓는다. 그리고 음식이 남으면 버리지 않고 짐승이나 새들을 위해 나무 밑에 펴놓는다. 음식쓰레기로 골치를 앓는 나라에서 간 나는 비록 가난할지라도 희망이 있는 나라구나 생각했다.

탁발하면 잊히지 않는 기억이 있다. 6·25 전쟁 후, 가난했던 시절 우리나라에도 탁발 스님이 많이 다녔다. 대문 앞에서 목탁 두드리는 소리가 나면 부엌에서 일하던 어머니가 곡식을 퍼서 들고 독경이 끝날 때를 기다려 스님이 메고 있는 회색 바랑에 부어 주셨다. 어떤 때는 보시할 곡식이 없으면 우물에서 냉수를 길어 하얀 사기대접에 공손히 바치고 죄송해서 어쩔 줄을 몰라 했다. 스님은 냉수를 기꺼이 드시고 목탁을 다시 한 번 두드렸다. 그러나 아이들은 동네 고샅길에 스님이 나타나면 동냥중이 온다고 골려대며 따라다녔다. 탁발이 무엇인지 알지도 못하면서 돌아서는 스님의 뒷모습이 어린 가슴을 안쓰럽게 했다.

가톨릭 신자인 내게 미얀마 순례를 권하시던 명안 큰스님은 물질문화를 보는 것이 아니라 불교가 끼친 정신문화를 눈여겨보라 하셨다. 그 말씀의 뜻을 조금씩 알아듣고 있다. 가난해도 남의 것을 탐하지 않는 마음, 살아 있는 일체중생의 목숨을 귀하게 여겨 살생하지 않는 마음, 사랑을 입술로 노래하기보다 내 배고픔을 참으며 밥을 덜어주는 마음, 그리고 물질보다 정신을 귀하게 여기는 마음이다. 그래선지 곳곳에서 편안하고 밝은 얼굴을 많이 본다.

  내가 이 글을 쓰게 된 동기가 양곤에서 만난 한국 스님 때문이라면 엉뚱하다 생각할 사람도 있을 것이다. 미얀마의 수도 양곤에는 위빠사나의 산실인 마하시 수도원이 있다. 승려가 1천5백 명의 불교대학이 있는 대수도원이다. 우리가 그곳을 방문한 시각이 오전 10시였는데 큰 식당에는 비구와 비구니 스님들이 두 편으로 나뉘어 점심 공양을 들고 있었다. 바리때에 탁발해 온 밥을 식탁 밑에 놓고 손으로 주물러 먹는 인도 스님이 있는가 하면, 어색하게 젓가락을 놀리는 눈이 파란 스님들도 있다. 식탁에는 야채를 중심으로 서너 가지의 찬과 국이 있고 닭고기가 올려진 식탁도 있다. 나라마다 수행의 방법은 다르지만 살생을 금하는 불교나라에서 육식을 하는 것이 이상스럽다. 혹시 환자 스님일지 모른다.

  안내자의 인솔로 우리 일행은 신을 벗은 채 그 넓은 경내를 둘러보는 중에 회색빛 승복을 입은 한국 스님을 만났다. 동행한 스님들이 반기며 이야기를 나누고 있을 때 반대쪽에서 미얀마 승복을 입은 한국 스님이 걸어오고 있었다. 스님은 반가운 빛도 없이 맞아 주었는데 어디서들 왔느냐고 물었다. 그리고 맨발로 엉거주춤 서 있는 것을 보았는지 신을 신어도 된다고 했다. 마지막 말은 돈을 조금 쓰고 가라, 많이 쓰고 가도 흉이 된다 했다. 세 마디를 마친 스님은 그럼…. 하고 돌아섰다. 천천히 가던 길을 걸어갔다. 그 순간 자줏빛 깡똥한 승복 밑으로 하얀 종아리가 드러났고 맨 어깨에 매달린 바리때가 흔들렸다.

문득 탁발 가는 스님 발 앞에 엎드려 나는 어디서 왔느냐고 묻고 싶었다. 그리고 스님은 어디로 가느냐고 묻고 싶었다. 부모도 버리고 가진 것 다 버리고 이국의 거리에서 무엇을 탁발하느냐고도 묻고 싶었다.

탁발은 자기를 버리는 연습, 이름을 버리고 지위를 버리고 오뚝한 아상我相과 분별심을 지우는 일. 아무나 할 수 있는 일은 아닌 것 같다. 자의식이 크면 클수록 상처를 많이 받는다고 하는데, 나도 바리때 하나 얻어 탁발을 나가 보면 어떨까. 쥐뿔 같은 자존심을 버리고 낮추고 낮추어 겸손을 얻어 감사하고 온화하고 사랑하고 동정하고 이해하는 마음을 담아갔으면 좋겠다.

고독한 날갯짓

삐르릉 삐르릉 새벽의 전령이다. 먼동이 트자 뒷산 숲에서 잠을 잔 멧새들이 날아와 노래를 한다. 숨어서 바라보니 어쩌면 저리도 가벼운 몸짓인가. 조막만한 잿빛 새는 편편한 가지는 제쳐놓고 동곳한 가지 끝에 떨어질 듯 떨어질 듯 앉아서 꽁지를 까불어대며 무언가 궁리하는 눈치다.

먹이를 찾는 걸까, 아니면 친구를 부르는 걸까, 설마 하니 저렇게 높은 가지에 둥지를 틀려고 그러는 것은 아니겠지. 들깨 알보다 더 작은 눈에 무엇이 보이는지 나뭇가지를 쪼아대고 부리를 비벼 씻기도 한다. 새들이 저토록 평화로운 것은 자기 것을 고집하지 않기 때문일 게다. 인간들처럼 창고에 쌓아 두려는 욕심이 없어설 게다.

돼지 밥을 주러 가다가 깜짝 놀랐다. 언제 날아 와 있었는지

발치에서 새 한 마리가 푸드득 날아갔다. 나를 보고 놀란 모양이다. 총을 든 것도 아니고 청산가리를 놓으러 가는 것도 아닌데 새는 놀라서 돼지우리 지붕 위로 날아올랐다. 그 바람에 우리 밭에 날아와 나부대던 새 떼들이 풍구질한 등겨처럼 날아 솟았다.

어떤 새는 내쳐 뒷산까지 또는 하늘 높이 날아올랐다. 양동이를 든 채로 바라보니 그것은 신비의 율동이다. 얼마쯤 새들이 날아 올라간 하늘 끝을 바라보고 있으니 무한한 창공에 한 점 새의 의식은 텔레파시로 내게 온다.

영원과 통하고 말 것 같은 자유.
소멸과도 일직선일 것 같은 찰나.

역마살 탓인가, 떠나고 싶어하는 이 몸살. 항상 날고 싶어하는 의식은 그래서 유달리 새들을 관찰하고 그 자유로움에 매료되는 모양이다. 설거지를 하다가도 밭을 매다가도 내향內向하는 삶의 안개 숲. 그때마다 햇살로 떠오르는 한 구절이 있다.
"생명은 양量이 아니라 질質이며, 보호가 아닌 자유이고, 의지를 향해 나아가는 것."

그 무렵 인천에 사는 수필가 K여사가 십자매 몇 쌍을 선물로 가져왔다. 외딴 터에서 갇힌 짐승처럼 무양무양하게 지내는 내가 안타까워 보였던지 그는 먼 길에 새장까지 마련하여 주었다. 두 식구에서 단번에 열 식구로 불어난 것이다. 굵은 철사를 촘촘하게 엮어 맨 정사각형 새장 안에 둥지가 하나 도롱 벌레 집처럼 매달려 있고, 가늠대 옆 창살에는 물통과 모이통이 각각 얹혀 있다.

새들이 이사를 오고부터 새소리를 들어 달라고 조르는 통에 그이가 번거로워진 것을 빼고는 일과는 생기로워졌다. 베란다 위에 새장을 걸어 놓았다. 새벽 먼동과 함께 깨어나 둥지에서 나와 삐이삐이 울기도 하고 어떤 것은 쭈루룩 쭈르르릉 마치 첼로의 현이 울리는 것같이 운다고 한다. 날짐승들도 밤의 어두움이 싫은 모양이다.

산마을이어서 해는 더디게 동산에 오른다. 잠을 털고 텃밭에서 배춧잎을 뜯어 넣어 주고 모이통 물통을 가져 내고 새것을 담아 주는 일, 그때마다 조그만 창살문을 들어 올려야 하는데 새들은 틈만 있으면 날아가려 해서 여간 조심스러운 게 아니다. 십자매들이 이사 온 후로 뜰앞 사과나무에는 더 많은 멧새들이 깃들었다. 이제 볼긋볼긋 사과는 익어 가기 시작한다.

아침을 짓다가 내다보니 새장의 십자매나 나뭇가지에 앉은 멧새들이 서로 어울려 저희들 언어로 화답和啓하는 모습이 재미있다. 십자매는 바다를 모르는 충청도 멧새에게 인천항 화물선의 고동소리를 들려주려는지 파도 같은 날갯짓으로 고동소리를 불어댄다. 그러다가 멧새들이 약속이라두 한 듯 한꺼번에 가지를 박차고 비상할라치면 십자매들은 더 요란한 날갯짓으로 푸드득거렸다.

그날은 비가 내렸다. 비가 내리는 날은 사방이 가라앉고 먼 데 기적소리까지 마음속으로 젖어 든다. 나는 또 기차역이 바라보이는 뜰에 섰다. 나뭇잎새들도 귀를 열고 빗소리를 듣고 있는 시각. 기차는 다음 정거장을 향해 떠나고 있다. 훨훨 날아가 차에 오르고 싶은 목마름. 새장 안에 새들이 조용했다. 새의 깃털이 민감해서 비가 올 것을 미리 안다던가. 새들은 나래를 접고 깊은 사념에 젖었는지 가늠대에 앉아 있다.

새장 문을 열었다. 새 한 마리가 얼씨구 좋다 하는 듯 포르릉 날아갔다. 또 한 마리, 다시 두 마리, 이렇게 여덟 마리 새 중 여섯 마리가 날아갔다.

날아라, 힘껏, 더 높이 더 멀리 가고 싶은 곳으로 가라. 나는 개운했다.

어머니는 새가 되고 싶다고 하셨다. 고루한 인습과 가풍에 매여 인종忍從의 인두로 스스로를 지지며 60평생을 잦히셨다. 나도 죽으면 어머니처럼 쌀 쟁반에 미미한 발자국 남겨 놓고 영원으로 날아가 버린 새가 될까. 그리하여 처형보다 더 아픈 이승의 속박에서 풀려나 날갯죽지 아프도록 날아 볼 거나. 죽음보다 더 무서운 절망의 벽을 향하여 부서지며 찢기며 도전해 볼 거나.

비상하는 새의 자유, 자유.

저녁나절이 되었다. 비는 그쳤다. 빗물에 씻긴 산과 들이 한결 산뜻해졌다. 저녁 찬거리를 마련하러 채마밭에 나가다가 빨랫줄에 앉은 새들을 만났다. 멧새려니 했다. 가까이 가도 도망가지 않고 앉아 있는 새들은 비를 맞고 날개 쳐져 돌아온 십자매들이었다. '쯧쯧, 새들은 넓디넓은 하늘이 무서웠을 거야. 무한정한 자유 앞에 그만 겁이 난 거야. 길들지 않은 날갯짓도 힘겨웠을 테고, 그토록 갈망한 자유가 얼마나 두렵고 고독한 것인가를 알았을 거야.' 한 마리씩 움켜 담는 나의 가슴으로 고장 난 역마살을 보듯 처절한 비애가 넘실거렸다.

나의 아픔은 한 마리의 가시나무새가 되기 위한 몸부림이다. 가장 깊고 날카로운 가시를 찾아 스스로 자기 몸을 찔러 죽어가며 그 고통을 초월하여 가장 신비하고 아름다운 최상의 노래와 목숨을 맞바꾼다는….

그리하여 나의 영원이 시작되는 날 혼불을 지펴 낸 내 노래가 외로운 영혼에게 위안이 되고 목숨의 참의미가 되기 위해. 더 높이 더 멀리 날아가는 고독한 날갯짓을 멈추지 않을 것이다.

사과꽃 필 때

달팽이처럼 숨어드는 서재에 오늘은 초록비가 내린다. 어제까지만 해도 송홧가루가 날아와 잎맥마다 뽀얗던 사과나무 잎새들이 간밤부터 내리는 비에 씻겨 세수한 얼굴이다. 아직은 아기 손모양 여리고 작은 잎새들이 바람을 맞고 흔들리는 모습은 애처롭다. 나무는 우두커니 서 있는 나무보다 바람 타는 나무가 아름답다. 아래쪽 이파리가 술렁거릴 때 상수리 이파리는 금방 까무러칠 듯 뒤채이다 가까스로 제자리에 선다.

창가의 의자에 앉는다. 사방이 초록빛이어선지 빗줄기도 거기 지나가는 바람결도 초록빛이다. 나는 몸살 감기약을 목축이듯 마시고 눈을 감는다. 그 사람은 비 오는 밤이면 몽환의 화필을 들었다.

나는 밤새도록 불 켜진 아틀리에를 바라보며 가슴으로 세설

하는 빗소리를 들었지. 최초로 그리움을 알게 하고 떠나간 그가 20여 년의 시공을 넘어 불현듯 찾아오는 까닭은 무엇인가. 나도 오늘은 화구를 챙겨 무한한 여백 위에 그림을 그릴까 보다. 애증의 물결에 씻겨 내린 중년의 빈터에 "사랑받기보다는 사랑하게 하소서." 라는 성 프란체스코의 기도를 심으며 초록 붓으로 초록빛 그림을 그려야 하리. 초록은 희망과 믿음이라고 했지.

엊그제는 사흘째 꽃비가 내렸다. 꽃 피기를 기다려오다가 지난겨울 눈밭에서 놀라운 사실을 알아냈다. 눈보라 속에 꽃눈은 지그시 눈감고 있었다. 나는 경이로운 생명 앞에서 중얼거렸다. '꽃이 봄 한철 피어나는 줄 알았어요. 꽃만 바라보고 아름답다고 했지요. 엄동 설한풍에도 꽃을 피우고 있는 걸 나는 이제야 보게 되네요. 문 닫고 누운 토방 안에 달빛 안고 뒹구는 꽃 냄새를 겨우겨우 알았어요.'

그날의 놀라움은 나를 오래도록 설레게 했다. 역사가 하루아침에 이루어지는 것이 아니듯이 자연도 인간사도 단순한 것이 아니었음을, 만나고 헤어짐도 억겁 전생부터 인연의 고리가 이어져 있음을 작은 가슴으로 어찌 가늠이나 했으리. 한두 송이 피어나던 꽃이 한줄기 내린 봄비에 생기를 얻고 함성을 지르듯 일제히 피어나기 시작했다. 발그레하니 피어나서 하얗게 지는 꽃, 멀리서 바라보면 섬은 어디로 가고 꽃구름이 내려앉은 꽃바다 같다. 오래오래 살고 싶어진다. 꽃이 많이 왔다는 것은 사과가 많을 것이라는 예고이다. 우리는 신바람이 나서 신새벽에 일어나서 두엄을 주고 잡초를 뽑는다. 고단한 줄도 모른다.

달빛이 창을 두드린다. 바이올린 선율도 같고 클라리넷소리도 같은 저 소리, 홀린 듯 나가보니 과수원은 꽃향기 아스라이 등천하고 있었다. 꽃잎 사이사이 겹겹으로 스며든 달빛 속에 서 있으면 착하게 살다 떠나는 거룩한 영혼의 진혼곡을 듣는 듯싶어진다. 그것은 언젠가 본 도자기들이 마지막 불가마, 천도의 고열 속에 스스로를 달구는 아름다운 화염의 인종 같은 것과 흡사했다.

꽃이 피어나기 고작 한 열흘, 꿈결 같은 며칠이 지나고 나면 꽃은 다시 새 생명의 잉태를 위하여 몸을 부순다. 하늬바람에 부서지고 쏴알쏴알 흔드는 큰 바람에 갈가리 찢긴다. 그것은 위대한 부활의 진리이다.

꽃비가 설편처럼 흩날린다. 화사한 요정은 한도 눈물도 없이 꽃답게 무너져간다. 뜰에 쌓이는 꽃잎, 꽃잎. 포물선을 그리며 떨어지는 꽃잎, 어떤 것은 몸부림으로 뒤채다, 풀 위에 눕는다.

해마다 이맘때쯤 몸살인지 맘살인지 한번씩 호되게 앓는 나는 올해도 예외는 아니었다. 너무 욕심내고 산 탓일 게다. 봄 채비에 서두른 과수원 일, 끝이 없는 아낙의 일, 속으로 앓는 글 쓰는 일, 세상사에 너무 많이 집착하고 덤벼든 탓일 게다.

약을 먹고 진득하니 누워 취한을 해야 빨리 낫는 줄 알지만, 지는 꽃들이 나를 놓아주지 않는다. 내가 태어나기 전에 살았던 어머니의 자궁처럼 그렇게 안온하고 고요로운 서재에 온종일 꽃비가 내린다. 오한이 드는 얼굴을 찬 유리창에 비빈다. 연연한 꽃이파리에 나를 아로새긴다. 백 년 천 년 살 것처럼 좁은 가슴 터지게 안고 싶었던 세상사, 저 꽃잎보다 더한 것이 무엇인가.

"인간의 삶에 있어서 시간은 점이고 실체는 유동流動 하는 것."이라고 한 로마의 황제 마르크스 아우렐리우스의 말이 오늘따라 나를 적시는 까닭은 무엇인가. 뒤늦게 회오리치는 인생의 무상을 몸살을 앓으며 깨닫는 나는 철없는 여인, 이제 초록비가 그치고 나면 한동안 이 창문은 열리지 않을 것이다. 씨앗을 심고 가꾸고 김매고 성숙을 향해 고단한 나날을 살아야 한다. 열매를 키우고 익히는 사과나무처럼.

내 인생의 봄은 영문 모를 때 지나가 버렸고, 여름 또한 성숙의 문을 닫으려 하고 있다. 나는 조바심치며 아직은 여름이고 싶어 스스로를 채찍질한다. 어느 날 사랑으로 부서진 꽃잎이 크고 실한 과일로 무르익어 부활하듯 나 또한 사랑으로 부서져 메마른 가슴에 한줄기 희망으로 피어나기를, 그것이 나의 진혼곡이었으면 얼마나 좋으랴.

포옹

 오후 4시쯤이면 3월의 양광이 자글거리는 아파트 뒤뜰을 자주 내다본다. 어린이 보호차량이라고 쓴 노란 승합차가 놀이터 옆에 선다. 아가들이 쪼르르 내려온다. 그때 미리 나와서 기다리고 있던 엄마들은 고 이쁜 아가들을 담뿍 품는다. 내 마음의 렌즈는 그 장면에서 셔터를 누른다. 그들의 표정을 가까이서 볼 수 있다면 세상에서 가장 행복한 모습일 것이다.
 엄마의 가슴에 안겼다는 안도와 반가움이 아가의 얼굴을 물들였을 것이고 처음의 사회생활에서 낙오하지 않고 무사히 돌아온 아가에게 대견하고 소중함을 느끼는 엄마의 마음은 상기되어 있을 것이다.
 사실은 나도 사람을 보면 안고 싶다. 남녀의 성별을 따질 것 없고 아이거나 어른이거나 분별하지 않는다. 만남의 순간 반가움에 겨워 두 팔을 벌려 껴안는다. 안고 안기는 접촉에서 말로 표현되지 않는 느낌이 좋다. 그러다 보니 옷에는 종종 뽀뽀마크가 찍혀온다.

어떤 날은 왼쪽 어깨에 인장처럼 찍혀 있고 어떤 날은 가슴에도 찍힌다. 남들은 남편의 와이셔츠에 묻어 있는 입술연지의 흔적으로 부부싸움까지 간다는데 우리 집에는 여자의 저고리에 묻은 흔적 때문에 가끔 핀잔을 듣는다. 아마도 입술연지가 여성의 전유물이기에 그 정도로 끝나는 것일 테지만, 핀잔을 들어도 유쾌한 것은 사실이다.

이런 몸짓도 때와 장소를 구별하지 않으면 구설수에 오른다. 서양 사람들은 포옹을 하나의 몸짓으로 알아 자연스럽게 생활화되었는데 동양권에서는 그렇지가 않다. 남녀유별이라는 유교적인 사고가 틀에 박혀 격식을 차려 인사말을 하다보면 사람은 저만치 있고 예의만 차지한다. 몇 년 전에 일본 사람을 만난 일이 있다. 배웅하는 시간이 예상외로 길어져 곤혹스러웠다. 한번 한 인사를 거듭하며 절을 반복하는데 그들의 인사예절이라 했다.

내가 부담 없이 만나는 사람들은 대부분 문우들이다. 세미나니 월례회에 가게 되면 치장 없이 만날 수 있어 좋다. 문우들에게는 같은 길을 가는 사람들이라는 동류의식이 있고, 한 꺼풀 벗어버린 사람들끼리의 편안함이 있다. 안고 안기는 행위에는 상대편을 향한 열림이 있고 신뢰가 있다. 그러나 그것을 수용

할 분위기가 돼 있어야 한다.

수줍음 많던 내게 왜 이런 증세가 생겼나 생각해 본 일이 있다. 사람에게는 누구에게나 여성성과 남성성이 공존한다. 나이가 들어 어느 시기쯤이 되면 여성의 내밀한 곳에 숨어 있던 남성성이 밖으로 표출되어 갑자기 적극적이고 활동적이 되는가 하면 남자의 경우 소심해지고 소극적이 되기도 한다는 것이다. 그러나 내 경우는 말이 어눌해지면서 사람과 사람의 관계에서 오고 가는 언어의 한계를 느낀 후의 일 같다.

인간은 몸과 마음이 결합된 존재다. 육신이야 섭취하는 음식물로써 운영되나 마음은 언어에 의해서 생기를 얻거나 좌절하고 파멸하기도 한다. 말처럼 다스리기 어려운 것도 없는 성싶다. 낮 동안에 말을 많이 한 밤이면 단잠을 자지 못한다. 내게서 쏟아져 나간 말들이 화살로 변해서 일제히 나를 공격한다. 때때로 귀는 듣되 말을 하지 못했으면 좋겠다는 생각을 한다.

포옹은 어떤 격식이나 절차가 없어 좋다. 그냥 온몸으로 온 마음으로 안아 주고 안기면 정신적인 휴식이 생겨난다. 남성들이 거리의 여인을 찾아가서 잠자리를 요구하지 않고 그냥 실컷 안아만 달란다는 이야기에 충분히 공감한다.

포옹이 건강에도 좋다는 기사를 보았다. 과학자나 학자들같이 논리적인 일을 하는 사람들은 왼쪽 뇌를, 예술가나 감성이 풍부한 사람들은 오른쪽 두뇌를 활발히 쓰는 경향이 있다고 한다. 그런데 양쪽 팔을 벌려 사람을 안을 때 우뇌와 좌뇌가 균형을 찾아 조화를 이루기 때문에 그 순간 흐르는 에너지 속에는 치료 작용이 생긴다는 것이다. 그런 과학적인 검증이 아니라도 가슴과 가슴이 만나는 자리에 더 이상 무엇이 필요하겠는가.

언젠가 판소리 무대를 본 일이 있다. 미색 두루마기에 의관을 정제하고 쥘부채로 얼굴을 가린 소리꾼이 등장했다. 이어서 같은 복색을 하고 장구를 든 고수가 뒤를 따랐다. 소리꾼은 무대 중앙에 자리를 잡고 고수는 그의 왼편에 앉았다. 고수가 왼쪽 무릎 밑에 오른발을 밀어 넣고 그 발가락으로 단단히 북을 고였다. 왼손을 북 위의 한 모서리를 잡고 오른손으로 북채를 감싸쥐더니 소리꾼에게 시선을 던졌다. 그 순간 소리꾼의 입에서 폭포수 같은 소리가 굴러 나왔다.

이리 오너라 업고 놀자/이리 오너라 업고 놀자
사랑 사랑 사랑 내 사랑이야/ 사랑이로구나

소리꾼이 부채를 접었다 폈다 하며 춘향가 중 중중모리 사랑가 대목을 빠른 장단으로 열창하자, 덩, 궁, 궁 탁, 이때부터 고수와 소리꾼의 눈길이 어우러지기 시작하였다. 고수는 북장단으로 소리꾼의 소리 길을 닦아주며 단 한순간도 소리꾼의 얼굴에서 시선을 떼지 않았다. 가다가 '얼씨구' '으흠' '조오치' '잘 헌다' 하며 추임새를 넣는데 소리꾼을 바라보는 고수의 눈길과 고수를 바라보는 소리꾼의 눈길은 그 어느 포옹보다 절절했다.

사랑가 한 대목을 들으면서 소리의 포옹은 이렇게 이루어지는구나 가슴이 숙연해졌다. 거기 있던 청중들은 그 소리를 따라서 광한루를 거닐었을 것이고 춘향이가 되고 이도령이 되었을 것이다.

소리꾼의 창이 거셀 때는 달빛 어린 길을 밟듯 사뿐사뿐 뒤따르고, 창이 가라앉을 때는 거센 파도같이 소리꾼의 말길을 터준다는 북장단, 나는 그날도 누군가를 안고 싶었다. 그의 심장의 고동소리를 가슴으로 들으며 내 고동소리도 들려주고 싶었다. 그는 소리꾼이 되고 나는 고수가 되어 깊은 휴식을 취하고 싶었다. 그래서 돌아오는 길에 새움 트는 은사시나무를 오래오래 바라보고 있었다.

바람이 켜는 노래

 봄이 여인의 계절이라면 가을은 남자의 계절이라고 읊은 시인이 있다. 그럼에도 햇살이 순해지고 대추가 익을 무렵이면, 온 감관이 현弦이 되어 바람에 켜지면서 고향으로 불어 가는 마음의 풍향은 어인 일인가.
 나는 지금 수수목 수런대는 시골길을 걷고 있다. 벼이삭이 고개 숙이는 들판에는 잠자리가 떼지어 난다. 잠자리가 꽃잎처럼 나부끼는 하늘이 가없이 넓고 깊다. 나지막했던 하늘이 올라가 호수가 되는 것일까. 들길에 섰으려니 메뚜기 잡던 어린 시절이 그리워진다.
 마당가에 분꽃이 벙그러질 때면 어머니는 보리쌀 닦아 옹솥에 안쳐 놓고 다래끼 옆에 끼고 집을 나섰다. 언니더러는 보리쌀 한소끔 끓으면, 아버지 드릴 입쌀 솥귀퉁이에 얹으라 하셨지만 들은 체 만 체, 우리는 어머니 쪽머리를 놓칠세라 뒤쫓아 갔다.

기차 정거장 앞 큰길을 벗어나면 야트막한 고개가 있고 고개를 넘어가면 여수골이다. 예전에 여우가 많아서 붙여진 이름이라 했는데, 그때도 아이들이 다니기에는 대낮에도 으스스했다.

참나무가 빽빽한 산길이 끝나면 로터리 과수원이 한눈에 들어온다. 그 과수원까지는 논밭이 질펀했고 밭둑에 대추나무가 서 있는 곳이 우리 밭이다. 어머니는 김장배추 솎느라 여념이 없고 해는 뉘엿뉘엿 서산을 넘는다.

메뚜기 잡기에 좋은 시각이다. 낮에는 스치기만 해도 콩 튀듯 튀던 메뚜기들이 해거름이면 한 마리씩 둘러업어 굼뜨다. 콩잎에 앉은 메뚜기를 움켜 강아지풀 대궁에 꿴다. 한 대궁이 가득 차면 또 한 대궁, 그러면 두 대궁을 합쳐 매어 목에 건다.

목띠가 꿰어 있는 메뚜기들은 가만히 있지를 않고 바르작거린다. 따갑기도 하고 간지럽기도 해서 목을 움츠리고 걀걀거린다. 해가 꼴깍 넘어간다. 어머니는 동부랑 애호박을 따서 앞치마에 담고는 다래끼를 이고 논두렁으로 내려선다. 땅거미가 지는 산길을 종종걸음으로 달려 집에 와서 보면, 메뚜기 몸통은 어디로 가고 머리만 졸라라니 매달려 있었다. 그것도 모르고 언니는 연기 품으며 풍로에 불을 피우느라 눈물범벅이 되었다.

아홉 살쯤의 기억이다. 그날도 어머니는 가을걷이에 바빠서 나에게는 관심을 줄 여념이 없었던 것 같다. 나는 밭머리에서 혼자 놀다가 대추나무에 눈길이 갔다. 대추가 조랑조랑 열려 있었다. 손이 닿지 않아서 나무에 매달리다시피 대추를 땄다.

한 개, 두 개, 세 개 따다보니 오른쪽 주먹이 가득 찼다. 자줏빛 초록빛 댕글댕글한 대추는 왼쪽 손아귀에도 가득 찼다. 그런데 웬일인지 손에는 찼어도 마음에는 차지를 않았다. 더도 말고 꼭 한 개만 더 따면 흡족할 것 같았다.

힘껏 까치발을 하고 가까스로 한 개를 따 든 순간 손에 있던 다른 대추가 빠져나갔다. 따면 빠져나가고, 그러기를 반복하는 동안 나는 약이 올랐다. 바로 그때였다. 어머니의 목소리가 들려 온 것은. "그만하면 되었다." 어머니는 어느 사이 밭둑에 나와 계셨다.

지금도 들길에 서면 그날의 어머니 음성이 환청처럼 들린다. 작은 내 손은 생각지 않고 욕망의 수치가 늘어날 때, 가지고 있는 것에 만족하라는 무언의 말씀이지 싶다. 그래서 가끔 집을 나서 정처 없이 들길을 걷는지도 모른다.

한번은 친구들과 같이 참샘뜰로 메뚜기를 잡으러 갔다. 우리가 떠들썩하니 볏논에 들어서자 기다렸다는 듯이 깡통 두드리는 소리가 들려 왔다. 그 소리와 때를 같이하여 벙거지를 삐딱하게 쓴 허수아비가 경풍하듯 떨었다.

정작 놀란 것은 참새가 아니라 우리들이었다. 나중에 알고보니 친구 오라비가 우리들을 놀려 주려고 일부러 그랬다고 한다. 그 친구도 또 오라비도 이제는 모두가 중늙은이가 되어 나처럼 메뚜기도 없는 들녘에서 저무는 해를 바라보고 있을 것이다.

그 사이 이내가 산 그림자를 덮었다. 소달구지 몰고 가는 농부들 대신 경운기소리가 요란하고 가끔씩 고추자루 싣고 가는 자가용차도 만난다. 도시가 변하듯 농촌도 변하고 사람도 변해 간다. 전에는 모내기나 마당질을 할 때면 온 동네가 잔칫집이 되었다. 그러던 것이 이앙기로 모를 심고 콤바인으로 수확하는 요즘에는 이웃도 모르게 심고 베게 되었다. 능률적이고 경제적일지는 모르나 한 식구처럼 살던 때와는 달리, 마음씨가 이기적으로 변해 간다고 우려한다.

내가 어머니의 치맛자락에 매달리는 아이처럼 고향에 연연하는 것도 정을 잃어버릴까 두려워서다. 세상이 변한다 해도, 사람의 정을 간직한 곳은 자연과 한데 얼려 살며 흙을 사랑하는 농부들이라는 믿음에 변함이 없다.

귀로의 고달픈 어깨를 바람이 어루만져 준다. 그리고 바람은 올 때처럼 빈손으로 다른 곳으로 불어 간다. 만나서는 후회 없이 뜨겁게 사랑하고 떠날 때는 뒤돌아보지 않고 갈 데로 간다. 바람은 나에게 집착하지 말라고 한다.

머물지도 말고, 들고 있는 것들을 놓아 버리라고 이른다. 어머니도 가고 사랑하는 사람들도 떠나고 이제 너도 떠날 때가 올 것이라고 속삭여 준다. 숲은 태고림 그대로, 강은 맑은 하늘 품은 그대로 잠시 빌려 쓰고 다음에 오는 이를 위하여 제자리에 제 모습으로 두라고 한다.
　바람이고 싶지만 바람이지 못한 나는 오늘도 저무는 들녘에서 작은 풀씨로 뒹굴고 있다.

뿌리의 봄

사과나무 가지를 치는 인동재 언덕이다. 사방이 고요해 가위 소리가 새소리처럼 들리고, 나뭇가지를 줍는 등어리로 자글자글 햇살이 쏟아진다. 오랫동안 숨죽였던 산야에 부드러운 기운이 감돌고 있다.

들녘에는 해토로 무너진 논둑을 손보는 농부가 힘차게 삽질을 하고 있고, 옆 밭 고추 모를 기르는 비닐하우스로 새참을 이고 가는 아낙의 발걸음이 잽싸다. 마치 박수근 화백의 그림을 보는 느낌이 든다.

우리도 겨우내 비워 두었던 농장의 오두막을 대청소했다. 겨울이면 따뜻한 남쪽나라로 떠나는 철새처럼 아파트에서 지내다가 경칩이 가까워지면 온몸이 근질거려 이리로 온다. 동면하던 생물들도 이 무렵이면 깨어난다고 하니 계절의 생리는 생명

있는 모든 것에게 균등한가 보다. 아직은 푸른 기미 보이지 않는 대지지만 머지않아 너른 가슴에 품은 생명들을 분만할 것이다.

 어느 겨울인들 춥지 않은 겨울이 있었을까만 지난겨울은 마음도 몸도 몹시 추웠다. 우리나라에 불어닥친 구제금융 한파는 밤마다 뉴스 보기가 겁이 날 정도였고 공장이 8백여 개 입주해 있는 우리 군에는 그 한파가 체감 온도로 금방 나타났다. 하루에도 두세 개의 기업이 도산되고 이웃으로 사는 그들의 어두운 얼굴을 차마 마주하기가 미안했다. 정치가 무엇인지 잘 몰라도 하루하루 열심히 일하며 그 삶을 감사하던 서민들의 생계가 막막한 현실 앞에서 모두가 아연할 뿐이었다

 문학의 꿈을 피워보겠다고 창작교실 문을 두드린 3십여 명의 회원들이 꿈을 포기하고 부업을 찾아 하나 둘 떠나던 무렵, 나는 혼자서 이 인동재 언덕에 올랐다. 칼바람에 윙윙 울어대는 사과나무 앞에서 역두에 한라그룹이 세워 놓고 떠나버린 시멘트 적재건물을 바라보았다. 눈 덮인 대지는 오히려 휴식을 취하는 듯싶었지만 꽃눈 다칠세라 입성 한 장 없이 버티는 사과나무는 전사처럼 비장해 보였다.

 나는 풀죽어 있는 그들에게 문학은 평생 하는 것, 아무 걱정 말고 생업을 찾으라고 했다. 목장갑을 짜는 일을 하면서도 글을 생각할 수 있고 식당의 주방에서 설거지를 하면서도 문학의 자양분은 얻을 수 있다. 다만 한 가지 경제는 부도가 났지만 우

리의 정신만 부도나지 않으면 언 땅에 봄이 오듯 다시 모여 문학을 꽃피울 수 있다고 했다. 믿음은 희망을 낳고 희망은 생기를 주지 않던가.

그럼에도 왜 이렇게 마음이 추워지는가. 함께 수필을 쓰는 분으로부터 이런 절박한 상황에서 글이나 쓰고 있어야 하는지 모르겠다는 편지를 받던 날에도 나는 여기 인동재로 올라와서 사과나무와 지냈다. 사람들은 사과나무의 가지와 줄기를 보고 또는 잎새와 꽃을 보고 열매를 보고 사과나무가 살아있다고 믿는다. 그러나 더 중요한 것은 눈에 보이지 않는다는 사실을 모른다. 누가 생명을 본 일이 있는가. 생명은 흙 속에 파묻힌 뿌리 같은 것, 다만 지상에 현현하는 것은 바람에 일렁이는 물살 같은 것. 나뭇가지를 꺾더라도, 잎과 꽃이 시들고 열매가 떨어지더라도 뿌리만 살아 있으면 다시 사는 생명이거니. 뿌리=정신이란 등식을 생각하면 철따라 상황따라 변하는 현상에 절망하지 않아도 될 것이다.

우리는 그동안 너무나 보이는 것에 취해 살았던 것은 아닐까. 이런 생각은 사과나무와 지내면서 느낀 것으로 고단한 짐 나누어지고 함께 추워하며 함께 참아가며 갈 길은 가야한다는 결론이다.

바야흐로 봄이다. 봄을 가을 뒤에 두지 않고 겨울 뒤에 둔 것은 지금 우리가 깊이 생각해야 할 화두가 아닐까 싶다.

연보

- 충북 음성 읍내리 408번지에서 아버지 반상길 씨와 어머니 오순환 씨 사이에서 9남매의 둘째로 출생.
- 음성수봉초등학교와 음성중학교를 거쳐 청주 사범학교 졸업, 청주대학행정대학원수료.
- 1957년부터 1973년까지 초등학교 교사로 재직하고 뒤이어 과수원집에 정착하며 수필쓰기 시작함.
- 1981년 《한국수필》천료.
- 1986년 《현대문학》천료.
- 한국문인협 회원. 국제펜클럽한국본부 이사.
  수필문우회원.
- 한국가톨릭문우 회원. 뒷목문학 회원, 중부문학 고문, 음성문인협회 초대회장 역임, 음성예총회장 역임.
- 현재 : 음성수필문학 회장, 반씨작가 회장,
  음성예총창작교실 강사.
- 수필집 : 《몸으로 우는 사과나무》(86)
  《그대 피어나라 하시기에》(90)
  《가슴으로 오는 소리》(95)
  《때때로 길은 아름답고》(98)
  《천년 숲》(2009)
- 선집 : 《사과나무》(99)

• 수상 : 1991년 현대수필문학상 수상
　　　　1992년 한국자유문학상 수상
　　　　1997년 음성군민대상문화예술부문 수상
　　　　1998년 충북문학상 수상
　　　　1999년 충북도민대상(문학부문) 수상
　　　　2002년 제1회 자랑스러운 음성인상 수상
　　　　2003년 제1회 월간문학 동리상 수상
　　　　2004년 동포문학상 수상
　　　　2009년 충북현대예술상 수상

현대수필가 100인선 · 57
반숙자 수필선

이쁘지도 않은 것이

초판인쇄 | 2009년 9월 1일
초판발행 | 2009년 9월 5일

지은이 | 반 숙 자
펴낸이 | 서 정 환
펴낸곳 | 좋은수필사

주　　소 | 서울시 종로구 익선동 30-6
　　　　　운현신화타워 빌딩 3층 305호
전　　화 | (02)3675-5635, (063)275-4000
등　　록 | 1984년 8월 17일 제28호
홈페이지 | http://www.shin-a.co.kr
e-mail | essay321@hanmail.net

값　7,000원

ISBN 978-89-5925-326-5　04810
ISBN 978-89-5925-247-3　(전100권)

*저자와 협의하여 인지는 생략합니다.
*잘못된 책은 바꿔 드립니다.